Goldmann / Kinder entdecken Gott mit Marc Chagall

CHRISTOPH GOLDMANN

Kinder entdecken Gott mit Marc Chagall

BILDER UND GESPRÄCHE

Türen öffnen, das ist gut –
was versuche ich anderes?
Marc Chagall

VANDENHOECK & RUPRECHT IN GÖTTINGEN
CHRISTOPHORUS-VERLAG/FREIBURG i. BR.

CIP-Kurztitelaufnahme der Deutschen Bibliothek

Kinder entdecken Gott mit Marc Chagall : Bilder u. Gespräche / Christoph Goldmann. – Göttingen : Vandenhoeck & Ruprecht; Freiburg [Breisgau] : Christophorus-Verlag Herder GmbH, 1978.

ISBN 3-525-61192-7 (Vandenhoeck u. Ruprecht)

ISBN 3-419-52253-3 (Christophorus-Verl.)

NE: Goldmann, Christoph [Hrsg.]; Chagall, Marc

Schwarz-weiß-Lithos und Farblithos für Bilder 14 und 16: Graphische Kunstanstalten Bruckmann, München
Farblithos für Bild 24: Hoppe, Ruthe & Co., Herford
Gesamtherstellung: Hubert & Co., Göttingen

Inhaltsübersicht

Gerhard von Rad
und Walther Zimmerli,
den Lehrern
in wachsender Dankbarkeit

Meiner Frau und unseren Kindern

Vorwort

Die Aufzeichnungen in diesem Buch sind nach zahllosen Gesprächen mit Kindern entstanden, die ich selbst, aber auch mir bekannte Lehrerinnen, Lehrer und Pfarrer vor Bildern Marc Chagalls geführt haben.

Die Einführung soll dem Leser eine Anschauung davon geben, bei welchen Gelegenheiten, mit welchen Altersstufen, in welchen Zusammenhängen solche Gespräche möglich sind. Aber sie soll auch zeigen, daß wir durch diese Gespräche veranlaßt wurden, die Bibel aufzuschlagen; uns über die Geschichte der Wirkungen, wie sie von der Bibel ausgegangen sind, zu informieren; uns der Biographie Chagalls und der besonderen Frömmigkeit seines Elternhauses zuzuwenden; vor allem auch seine Äußerungen zu seiner künstlerischen Arbeit einzubeziehen. Alles, was die Einführung hätte überdehnen können, ist an den Schluß gestellt worden (S. 67ff. bzw. 85ff.), um dem Leser den Zugang in ein ihm möglicherweise fremdes Gelände nicht zu erschweren.
Bei der Auswahl der protokollartigen Gesprächsnotizen zu den Bildern gab es eine Reihe von Schwierigkeiten:

- Es sollten Äußerungen von Kindern sehr unterschiedlicher Altersstufen auf knappem Raum miteinander erscheinen.
- Es sollte ein Weg gefunden werden zwischen einerseits der Notwendigkeit einer literarischen Reduktion auf ›Wesentliches‹, andererseits der Versuchung, den oft unbeholfenen Charakter individueller Äußerungen wortgetreu breit zu dokumentieren und drittens dem Wunsch, einen Eindruck zu vermitteln von der Fülle an Assoziationen, die aus Kindern beim Umgang mit Bildern Chagalls hervorsprudeln.
- Es sollten Beispiele für ungesteuerten, vom Hauptthema auch abschweifenden Gesprächsfluß gegeben werden; es sollte aber auch gezeigt werden, wie kindliche Entdeckungen oder Vermutungen, bzw. der kindliche Kenntnis-Horizont durch Bibeltexte und durch Erklärungen erwachsener Gesprächsteilnehmer erweitert werden können.
- Ja, da wo Kinder gar keine Ahnungen von biblischen Zusammenhängen hatten, mußte zu dem einen oder anderen Bild auch einmal länger erzählt werden.

Die Auswahl der Bilder und der Gesprächstexte ist so angelegt, daß die vielerlei Möglichkeiten sichtbar werden. Die Einzelbeiträge sind durch Gedankenstriche voneinander abgehoben. Einwürfe von Erwachsenen sind daran zu erkennen, daß sie mit einem Großbuchstaben anfangen.

Was dem Leser hier vorgelegt wird, ist keine Theorie über einen Sachverhalt, weder eine Didaktik des religiösen Bildes noch eine Anleitung zu kunstgeschichtlicher Werkbetrachtung. Es sind ›Evokationen‹, Hervor-Rufungen von Erinnerungen, Ängsten, Wünschen, Hoffnungen, Plänen, die durch biblische Bilder Chagalls ausgelöst worden sind. Sie sollen dokumentieren, wie – entgegen weitverbreiteten Thesen – Kindern die Bibel zu ihrer eigenen, mit ihrem ›biographischen Material‹ aufgefüllten, aktualisierten Geschichte werden kann; wie Kinder das Wort Gott und seine Bedeutung für ihre Lebensfragen entdecken können, wenn sie nicht mit abstrakten Spekulationen über ›Gott‹, mit naturmythischen oder metaphysischen ›Veranschaulichungen‹ zu dem Wort Gott oder mit abstrusen Gottesvorstellungen mancher Erwachsenen irritiert werden.

Mit Chagalls Bildern wird unserer Zeit bekanntgemacht, wie die Bibel – die gelesene, gelernte, erzählte, gelebte, gefeierte Bibel – das ganze Leben eines Menschen von der Kindheit und Jugend im Haus eines Lagerplatzarbeiters an bestimmt hat; wie sie ein Leben mit Armut und Arbeit, mit Entsetzen über Krieg und Massenvernichtung, mit Flucht und mehrfacher Emigration, mit Glück und (Welt-)Ruhm nicht in Rollen und Teilchen zerstückelt sein läßt, sondern es zu seiner ganzen Identität bringt, weil eben die Bibel dieses Leben als die Summe der ›vor Gott‹ gemachten Erfahrungen einer Person definitiv sein läßt.

Der Religionspädagogik, der religiösen Erziehung überhaupt, steht die überraschungsreiche Entdeckung Chagalls bevor. Dieses Buch möchte ein Schritt auf dem Weg dazu sein.

Einführung
Kinder und Chagalls Bilder – Gelegenheiten und Möglichkeiten

Am Anfang soll ein Bericht dem Leser etwas von dem erzählen, was uns auf den Bildern Marc Chagalls besonders aufgefallen ist, wie wir versucht haben, verschiedene Zugänge zu den Bildern zu finden und welche Entdeckungen wir vor diesen Bildern gemacht haben.
Wir – damit sind vor allem die Kinder gemeint, die mich vor Marc Chagalls Bildern gefragt und ausgequetscht, in Verlegenheit und zum Staunen gebracht haben und denen ich an dieser Stelle danken möchte.

»Ist der helle Kreis die Sonne? – Warum kommt bei Chagall die Sonne nicht vor? – Sind das Buchstaben (יהוה), was bedeuten die? – Warum malt Chagall so oft Engel?«

In der Ausstellung

Es begann vor ungefähr zwanzig Jahren mit einer Ausstellung ›Radierungen zur Bibel‹ von Marc Chagall in unserer Stadt. Mit mehreren Klassen von zehn- bis vierzehnjährigen Schülern ging ich nach und nach in die Ausstellung, zu Zeiten, wo sie für normalen Publikumsverkehr geschlossen war. Ich war überrascht, wie lange die Kinder aushielten, wie sie hin- und herliefen, Bilder verglichen, einige Inhalte schnell herausfanden, bei vielen lange knobelten, mich in die Enge trieben:

»Was macht der Mann mit dem Löwen? – Was schleppt der da weg? – Warum macht Chagall das ›goldene‹ Kalb schwarz?* – Warum gucken die Leute so böse, ich denke, die sind beim Tanzen? – Auf ein paar Bildern ist fast alles schwarz, auf ein paar fast alles hell. – Zuerst ist Aaron ganz groß, dann ganz winzig: Warum?«
Auch ich mußte oft erst im Katalog nachschlagen, zu Hause mich in der Bibel orientieren.

In der Schule

Ich nahm einzelne Bilder Chagalls hin und wieder mit in die Klasse. Wir lasen den Bibeltext und verglichen ihn mit Bildern Chagalls: Die Bilder von *Simson* (Bild 18 a. b). – Jetzt kam mit einemmal der Humor der Bibel zum Vorschein. Wie wurde da vollmundig von den begeisterten Helden der frühen Zeit erzählt, »... aber wenn man euch heute anschaut ...« Wie kam Chagall dazu? Hatte er die Bibel anders lesen gelernt?
Vielleicht sollte man überhaupt die biblischen Geschichten [1] einmal in ihrem Zusammenhang lesen, wie Chagall.

Oder: *Mose vor dem Pharao* (Bild 11). – Die Geschichte in der Bibel war lang, uneinheitlich und blaß in unserer Übersetzung, sie setzte so viel voraus. Und nun Chagalls Bild! Zunächst wie in der Bibel: Mose, Aaron, der Pharao. Aber was löste diese In-Szenierung Chagalls aus! Das Allein, das ganz Allein des einen schwachen, wehrlosen Mose vor der Macht wurde deutlich.
Was fiel uns dazu ein? Da hatte der eine und andere Schüler schon allein und hilflos vor einem Lehrer, vor seinem Vater, vor dem Buskontrolleur gestanden; eine ungerechte Beurteilung war geschehen – wie konnte ein einzelner Schwacher einen Mächtigen zur Besinnung rufen?
Auf Chagalls Bild war die eigene Erfahrung um ein Vielfaches gesteigert. Woher konnte Mose das? Was wollte er? Er sagte: »Gott ist der, der Freiheit gewährt und Recht will, du aber willst Knechtschaft und Unterwerfung. Du mußt uns ziehen lassen, wir wollen nur noch Gott dienen!«
Mit diesem Augenblick beginnt die politische Dimension der Geschichte Gottes unter den Menschen. Wie konnte Chagall das so treffsicher malen? Kannte er vielleicht nicht nur die Bibel, sondern auch die Geschichte seines Volkes so genau? Hatte er selbst so etwas erlebt?
Genügte es vielleicht nicht, die Geschichten der Bibel zu lesen, mußte man Menschen kennen, die so lebten: vielleicht aus Chagalls Volk, aus seiner Familie oder andere, aus unserer Zeit, vielleicht z.B. Martin Luther King? (Vergleiche hierzu den Text auf S. 67 ff.) [2].

Oder wir sahen uns ein Bild an, ohne den Text dazu – eine Minute, drei oder fünf Minuten lang. Jeder schrieb auf, was er sah, zunächst nur die

* Das Bild ist in der vorliegenden Auswahl nicht enthalten.

Bildelemente: Personen, Gegenstände, die Umgebung, dunkel/hell, die Aufteilung der Fläche, die graphische Zuordnung der Bildteile. Wir verglichen unsere Notizen. Jeder konnte mitreden, hierbei gab es keine Sprachbarrieren. Manche skizzierten das Bild für sich nach.
Dann andere Fragen: »Welche Beziehungen haben die Bildelemente zueinander?«, »Was empfinde ich bei dem Bild?« Dabei gab es auch abwegige Kombinationen, die Gefahr unbeabsichtigter Banalisierung; zuweilen, bei zeitlicher Überforderung, beabsichtigte Destruktion.
Oft war die Frage nach dem Bildthema »Wie nennst du das Bild? Welche Unterschrift würdest du ihm geben?« ergebnisreicher.
Z.B. das Passahbild (Bild 13): Zunächst läßt es sich einfach beschreiben; viel eigene Menschenbeobachtung fließt ein, wenn Kinder die sieben Personen um den Passahtisch charakterisieren. Schwierig wird es bei der äußersten Zuspitzung Chagalls in dem verdunkelten oder verfinsterten Jahwehnamen. Wie konnte Chagall die Angst von Menschen und die Dunkelheit Gottes so kennen und um den Passahtisch versammeln?
Der Rundfunk brachte ein Hörspiel: ›Wie wir das letzte Mal Passah feierten.‹[3]
Das also war's: Chagall hatte nicht nur von Kind auf die Texte der Bibel gelesen und gelernt, er kannte nicht nur die Geschichte seines Volkes, er hatte auch gefeiert: die Feste, die von Befreiung, Beauftragung, von Hoffnung, Gericht und Erbarmen erzählen, er hatte sie immer wieder gefeiert. Lesen, lernen, erzählen, leben, feiern – das hieß bei seinen Leuten ›sich fest-machen an Gott‹. (Vergleiche hierzu den Text auf S. 70ff.)

In die eine Klasse kam ein neuer Schüler: »An Gott glaube ich sowieso nicht.« Zwei Schüler-Antworten: »Herr G., können Sie nicht nochmal die Mosebilder von Chagall mitbringen? Wenn er die sieht, versteht er besser, was wir meinen, wenn wir ›Gott‹ sagen.« – »An Gott glaube ich eigentlich auch nicht – ich meine, so wie andere Leute. Aber ich weiß, was ›Gott‹ auf den Bildern Chagalls bedeutet. Und ein bißchen bedeutet er das für mich jetzt auch.«

In der Primarstufe

Eine Lehrerin der Primarstufe nahm in Klassen von acht- bis zehnjährigen Kindern Chagallbilder mit. Ein Bibeltext wurde erzählt. Danach malten die Kinder, was ihnen in der Erzählung am besten gefallen hatte.
Die Bilder wurden in der folgenden Stunde aufgehängt, sortiert nach den von den Kindern bevorzugten Bildinhalten, jeder durfte zu seinem Bild etwas sagen. Das Chagallbild zu derselben Bibelgeschichte wurde zwischen die Bilder der Kinder gehängt. »Der hat das so ähnlich wie ich, und wie ich –« »Aber warum hat er so einen hellen Sonnenstrahl um den *Jeremia* (Bild 21) gemalt? Sie haben doch erzählt, der versank tief unten in einem finsteren Brunnenschacht, gefesselt, in den Schlamm.« – »Und da ist ja sogar einer bei ihm.«

Wieder war zu lernen: Nicht nur die Bibel, die Geschichte, die Feier zu Hause erinnerte den Menschen daran, daß der Hintergrund dieser oft dunklen Welt nicht finster war. Im Gottesdienst konnte es jeder sehen: Die Kerzen auf dem Altar, das ewige Licht, das ›lux eterna luceat ei‹ aus dem Requiem half dem Menschen, sich ›festzumachen‹ an dem Gott, der unser Leben hell machte.

Im Konfirmandenunterricht

Eine ganz andere Situation mit einer Konfirmandengruppe: Im Gemeindehaus hängt ein Poster, die Arche, verpopt – eine Art Ausflugsdampfer, alles auf dem Deck versammelt: Hinter der Kapitänskajüte luchst die Giraffe hervor, ein Elefant bespritzt einen Affen mit Meerwasser aus seinem Rüssel usw. Wir legen ein Bild aus einer Bilderbibel daneben: Stumm und ernst treibt ein monströser Balkenkasten auf einer endlosen Wasserfläche.
Der Bibeltext und diese Darstellungen hatten die Kinder zu naseweisen Fragen (»Hatte Noah denn alle Vögel einfangen können – und die Fische? Aber die Wale!«) verführt. Es war immer ein Reden der Besserwisser oder der Entrüsteten (über einen solchen Gott) von irgendeinem fiktiven dritten Ort aus.
Neben die anderen Bilder hängen wir Chagalls Bild *Noah in der Arche* (Bild 2). Er holt uns herein in die Arche. Er veranlaßt uns, mit Noah und dem Rest des Lebendigen aus der Archenzelle hinauszublicken auf das Ende allen Lebens. Die ganze Optik war verändert. »Wenn ich das erleben müßte ... – Ich finde, bei uns ist das so

ähnlich, wenn erst der Atomkrieg kommt, wer weiß, ob dann überhaupt noch einer übrigbleibt? – Bloß, wer schaut heute schon noch wie der Noah nach Gott aus? – Die würden nur daran denken, ob sie nicht mit irgendsolcher Strahlenmaschine noch entkommen könnten – Vielleicht schaffen wir ja doch noch einen anderen Stern im Weltraum.«
Wie kommt Chagall zu diesem m. W. ganz singulären und erstmaligen Interieurbild der Arche? Hat er als Kind erlebt, wie vielleicht seine Eltern so am Fenster des Stübels standen und hinausblickten auf die Straße, wo ein Pogrom tobte: »Wann würden wir wieder hinauskönnen und wieder leben? Würde Leben für uns überhaupt weitergehen?«

Wie hatte Chagall die Bibel lesen gelernt? War sie für ihn *nicht* ein historisches Geschichten- und Kuriositätenbuch? Hatte er von Kind auf gelernt, von der ›Ursprungssituation‹ der Geschichten her zu denken[4]. Nicht im Reportagestil: »Gott hat einmal ...«, sondern: Es wird erzählt, daß eine schreckliche Flut fast alles Leben auf der Erde vernichtet hat. Wie mag es in dieser Situation möglich gewesen sein, daß unsere Väter und Mütter (Anm. 2 zu Bild 2) sich dieses Schreckliche von unserem Gott her verständlich gemacht haben? Und wir?
Könnte es einmal so schlimm mit uns Menschen stehen, daß wir Freiheit, Recht, Liebe und Erbarmen ganz vergäßen, daß das mit dem Menschen in die kalte Weltraumlandschaft gekommene Potential an Hilfsbereitschaft, Vertrauen, Selbstlosigkeit, Liebeszuwendung zu den Geschöpfen aufgebraucht ist, daß Gemeinheit, Frevel, Haß das Leben auf der Erde bestimmen und es zu verschmerzen wäre, wenn sich diese Wesen selbst auslöschten, wenn Gott diese Schöpfung ›zurücknähme‹? Nur um Noahs willen ging Leben damals weiter, um Abrahams willen wurde nicht ganz Sodom verschlungen – wer von uns ist mitbeteiligt daran, daß unsere Welt, unsere Gesellschaft noch nicht ins Chaos versinkt, daß Ansätze von Vertrauen, Liebe, Erbarmen noch in der anderen Waagschale liegen?

In der Familie

Noch einmal anders die Situation bei uns zu Hause. Als unsere ältesten Kinder drei und fünf Jahre alt waren, begannen wir, an jedem Samstagabend, wenn sie im Bett lagen, eines der Chagallbilder ins Kinderzimmer zu hängen. Wir hörten ihre ›Gespräche‹ mit an und nahmen teil daran: Nicht lange nach der Geburt des jüngsten Geschwisters, zur *Erschaffung des Menschen* (Bild 1): ›So haben sie den J. auch aus Mutters Leib gezogen – er hat das gar nicht gemerkt, und dann haben sie ihn in das Bettchen getragen« – »aber kein Engel« – »nein, die Ärztin; aber Vater hat doch gesagt, die kam genau zum richtigen Zeitpunkt, wie ein Engel, sonst wäre es schlimmer geworden.« Zu *Abrahams Totenklage* (Bild 6): »Wenn Omama mal stirbt, würde Großvater genauso traurig sein; Vater, glaube ich, auch bei dir, (Mutter)« – »Überhaupt, das wäre ganz schlimm, wenn nur noch einer von euch da wäre.« »Vor dem Bild (die *Fesselung Isaaks* (Bild 5)) habe ich Angst. Der Engel guckt so schrecklich.« – »Abraham hat, glaube ich, auch Angst« – »Nee, glaubst du ein Vater hätte Angst?« – »Ja, wenn er was nicht versteht und nicht will. Oder glaubst du, er möchte, daß sein Kind stirbt?« – »Nein« – »Vielleicht guckt er ängstlich zu dem Boten Gottes, ich meine solche gespannte Angst: vielleicht wird im letzten Augenblick doch noch alles gut.«
Als die Kinder älter wurden, stellten wir jede Woche ein (Chagall-)Bild in unserem Wohnzimmer auf. Ähnliche Fragen wie in der Schule (S. 8 f.) leiteten uns. Andere Fragen ließen durch das Bild Inhalte der Erinnerung abrufen: »Was fällt mir ein, wenn ich das Bild sehe?« oder suchten nach einem existentiellen Bezug zu dem Bild: »Was bedeutet das Bild für mich?«

Kinder und das Wort ›Gott‹ in unserer Welt

Das bisher Gesagte soll verstanden werden als ein durch Chagall ermöglichtes Ereignis inmitten einer Welt, die sehr vielen Kindern zukunftslos, völlig verplant, fremd erscheint. Denn es ist eine Frage, ob die Kinder, die heute in unsere Welt kommen, diese Welt noch in irgendeinem religiösen Sinn offen bzw. wenigstens unter dem Aspekt der ›Schöpfung Gottes‹ erfahren können, oder aber nur noch geschlossen bzw. unter dem

Aspekt der von Menschen ›hergestellten und veränderbaren Welt‹. In der durch Technik und Politik ermöglichten urbanen Kultur verdrängt der zweite Aspekt den ersten immer stärker aus der Erfahrungswelt der Kinder – und die Ängste der Kinder nehmen zu.
Die ›Schöpfung Gottes‹, die natürliche, vorgegebene Welt wird mehr und mehr nur noch als Material für menschliche Weltentwürfe gesehen. Das Wort Gott, das bei vielen Menschen ohnehin schon nur durch Erfahrungen an der Natur mit Anschauung gefüllt worden war, gehört nicht mehr zum primären Sprachgut von Kindern. Damit fühlen sich Kinder in starkem Maße den Erwachsenen ausgeliefert: Die Erwachsenen, das sind vor allem die Starken, die die Machtmittel haben, um ihren Weltentwurf gegen andere durchzusetzen. Aber das sind auch die, die sich den Starken unterwerfen und damit deren Partei ergreifen. Beide haben die Schuld daran, daß die Welt so ist, wie sie ist. Sie muß völlig verändert werden. Diese Art von Kritik, von Widerspruch, von Ablehnung durch die Jüngeren läßt erkennen, daß sie ganz auf das instrumentelle Denken dieser Erwachsenen fixiert sind, daß sie deren Position schon bezogen haben.

Hoffnungen, die Bibel könnte Kindern helfen

Trotz alledem scheint es vielen Menschen in unserer Industriegesellschaft fragwürdig zu sein, ob es noch sinnvoll ist, Kinder mit einem so alten und fremdgewordenen Buch wie der Bibel aufwachsen zu lassen. Mir ist dazu immer aufsehenerregend erschienen, wie stark Hartmut von Hentig in seinen Überlegungen ›über die Bedingungen der Gesamtschule in der Industriegesellschaft‹ für das Leben mit der Bibel plädiert:

Hypothese: Wenn die Tätigkeiten und Denkformen der Menschen immer weiter rationalisiert werden und die Einübung in die Rationalität im Leben des Einzelnen folglich immer weiter vorverlegt wird, dann besteht die Gefahr, daß irrationale Erlebnisse und Vorstellungen Einzelner vorzeitig abgedrängt oder oberflächlich rationalisiert werden; sie bleiben unverarbeitet und machen dem Menschen später um so mehr zu schaffen, als es dann keine altersgemäßen Ausdrucksformen, keine »normalen« Verhaltensmuster, keine selbstverständliche Verständigungsmöglichkeit dafür gibt ...
In der biblischen Geschichte nimmt diese rätselhafte Welt nun die Form einer Erzählung an, die dem Kind einen eigenen Nachvollzug, eine ihm verläßlich scheinende Deutung der unverstandenen Verhältnisse erlaubt. Sie antwortet mit verständlichen Abfolgen und Gründen auf Fragen wie: ... Warum bin ich ich? Warum und durch was ist die Welt? Warum ist sie nicht gut? Warum hat das Recht so oft keine Macht? Was und wer ist böse – was und wer ist gut? Wo führt das alles hin? – Kann ich geliebt werden? In der Antwort der biblischen Geschichte liegt Sinn, Beruhigung, Menschlichkeit. Sie übernimmt – wozu Erwachsene von sich aus immer weniger Mut haben – Verantwortung dafür, daß die Welt so ist, wie sie ist. Sie entlastet das Kind von der Notwendigkeit, für ihren Sinn aufzukommen ... Wo also die Religion besteht und geglaubt wird, kann sie eingesetzt werden, um den Kindern in ihrer psychischen Stabilisierung zu helfen und den Übergang zu den strengeren Formen der Rationalität zu erleichtern. Den anderen Kindern, deren Eltern sie nicht in den religiösen Glauben eingeführt haben, müssen Ersatzmythen helfen ...[5].

Sehr wahrscheinlich würden viele Menschen v. Hentig schneller zustimmen und seinem Appell folgen, wären sie nicht aufgewachsen mit einem oft so formelhaften ›Glaubens‹begriff, religiös entmutigt durch unverbindliche Definitionen des Wortes ›Gott‹, geschichtlich entmündigt durch die Versicherung, das Alte Testament, die Bibel Jesu, sei ›überholt‹.
Wer sich auf Chagalls Bilder einläßt, wer die Zeit hat zuzuhören, wie Kinder vor den Bildern Chagalls ihre eigenen Lebensfragen formulieren, der kann dabei Neues lernen: Die Fragen, die vor den Bildern Chagalls ausgelöst werden, kommen zwar auch sonst vor, aber sie werden oft mit einfachen Informationen beantwortet, oder sie begegnen der Ratlosigkeit bzw. der Orientierungslosigkeit, von der v. Hentig sprach.
Werden solche Fragen vor den Bildern Chagalls gestellt, kann darauf hingewiesen werden, daß Chagall dieselben Fragen kennt, daß er sie aber alle im Zusammenhang biblischer Geschichten stellt. Dadurch ›öffnet er Türen‹ in eine andere Dimension. Durch sie ergibt sich für die Fragen eine Art Rahmen, ein umgreifender Beziehungsrahmen. Dieser Beziehungsrahmen ist die durch die Bibel in Gang gesetzte mehrtausendjährige Geschichte des Volkes Gottes, die ungebrochen bis zu Chagall reicht. In dieser Geschichte werden die Menschen nicht überredet, abstrakt ›an Gott zu glauben‹, sondern – wie es in der biblischen Sprache heißt – sie ›machen sich fest an Gott‹ in Lernen, Leben und Feiern.

Das Wort Gott wird dabei weder spekulativ entfaltet (›erste Ursache von allem, zentrale Energie‹), noch wird es von natürlichen Erfahrungen abgeleitet (Licht, Leben, Liebe, Blut, Erde), es wird auch nicht durch eine Überschätzung oder Verabsolutierung des Menschen relativiert.
Das Wort Gott wird, wie im Vater-Unser ausgesprochen, als der NAME verstanden. Mit diesem Namen sind die Geschichtserfahrungen von BEFREIUNG, BEAUFTRAGUNG und einer generationenlangen universalen HOFFNUNG[6] verbunden.

GOTTESNAME יהוה, BOTE, LICHT BEI CHAGALL

Es ist nicht schwer zu entdecken, wie Chagall dem Ausdruck verleiht, indem er in drei immer wiederkehrenden Chiffren – GOTTESNAME יהוה, BOTE, LICHT – das Leben der Menschen in den Zusammenhang der Erfahrung rückt,

– daß der NAME, dieses Versprechen ›Ich bin für euch da, bin bei euch, gehe mit euch‹[7], von den Anfängen her die BEFREIUNGS-Geschichte ausgelöst hat. Nicht in einem übertragenen Sinne, sondern ganz konkret: Wir waren Sklaven, aber ER hat uns befreit. Und demonstrativ wird diese Befreiung für jeden sichtbar gemacht im Sabbat: Was es in keinem uns bekannten Volk der Erde gegeben hat, das wird hier wie ein Zeichen für die beginnende neue Qualität des Menschen in die Menschheitsgeschichte gestellt: Dieser Gott gewährt seinen Menschen-Freunden an jedem siebenten Tag der Woche einen zweckfreien Raum, entzieht sie dem Anspruch jedes Herrn, jedes Machthabers, jeder Wirtschaftsordnung. Zugespitzt läßt sich sagen: Chagall zeigt durchgehend das eine: wie Menschen, die in der Hingabe an diesen Namen, im Dienst dieses Gottes leben, einen Raum der BEFREIUNG erfahren [in der Enge der Arche (Bild 2), in der Diskussion über die Bedeutung des Rechts, in der Welt (Bild 4), in dem Schmerz über Opfer und Verlust (Bild 5, 6, 7), in der Hoffnung auf das Kommende (Bild 8) ... und so Bild für Bild].

– daß ER seinem Volk und seiner Menschheit ständig BOTEN schickt[8], so daß das Leben eines jeden Menschen voller Überraschungen bleiben kann, nie mehr ›sinnlos‹, sondern voller AUFGABEN ist.

– daß ER in seinem LICHT[9] der von ihm ins Leben gerufenen Schöpfung gegenübersteht und eine unaufhebbare HOFFNUNG setzt. Für Chagall hat dieses Licht seinen »Sitz im Leben«, nicht in Naturphänomenen, dem Morgenstern etwa oder der Sonne. Bei jedem Licht-Segen der Mutter am Sabbattisch, bei der von vielen Kerzen strahlenden Synagoge am Versöhnungstag, im ›ewigen Licht‹ im Gotteshaus ist die Erinnerung daran wach, daß dieses Licht uns immer von neuem hinweist darauf, daß wir nicht geängstigt werden sollen in einer finsteren Welt, sondern daß Gottes Licht und Gottes Ruhe um seine Schöpfung herumliegen. (Vgl. 1. Mose/ Genesis 1 und Anm. 2 zu Bild 1).

Wie Menschen aus vielen Epochen vor diesem Gott und zu diesem Gott gesprochen haben, wie sie ihr Leben jeweils vor diesem Gott verstanden haben, davon berichtet die Bibel. (Vgl. hierzu die Abschnitte auf S. 67 ff. und 70 ff.)
Chagall hat sich von Kind auf aus dieser biblischen Tradition verstanden, und ihm ist es möglich geworden, die biblischen Überlieferungen so ins Bild zu setzen, daß der große sprachliche und historische Abstand zu den Texten der Bibel aufgehoben zu sein scheint[10].
Das ›vor Gott‹, wie Chagall es auf vielfache Weise, unaufdringlich und biblischem Reden entsprechend ins Bild setzt, ermöglicht Kindern, diesen Namen Gottes aus dem Zusammenhang der Bildinhalte hinüberzutragen auf ihre eigenen – durch die Bildinhalte lebendig gemachten – Erlebnisse, Erinnerungen, Lebensprobleme.
Der Titel des Buches will diesen Vorgang festhalten: Kinder entdecken das Wort Gott und seine Bedeutung für ihre Lebensfragen im Umgang mit den Bildern von Marc Chagall.

DIE BIBEL IN CHAGALLS KUNST

Chagall legte ab 1956 seine Zyklen zu biblischen Stoffen vor. Thema war die Bibel für ihn geworden, seit Vollard 1930 auf seinen Vorschlag eingegangen war, nach den Illustrationen von Gogols Toten Seelen und La Fontaines Fabeln den Versuch zu wagen, die Bibel in Bildern herauszubringen[11]. 1930/31 macht Chagall eine Reise in das Heilige Land und beginnt mit Gouachen und Radierungen zur biblischen Geschichte, die trotz der politischen Umstürze in Europa, trotz Krieg und Flucht und Rückkehr zur Vollendung kommen. Trotz schwerster persönlicher Schicksale legt er 1956 die erste Folge von 105 Radierungen zur Bibel, erschienen unter dem Titel »Bible«, vor[12], 1960 folgen 96 weitere Radierungen in dem Band »Dessins pour la Bible«[13], 1966 24 Farblithographien zur »Geschichte des Auszugs«[14]. Zwischen 1954 und 1967 realisiert er seine Visionen zur »Biblischen Botschaft«, die in siebzehn großen Ölgemälden seit 1973 in dem gleichnamigen Museum in Nizza eine feste und stets zugängliche Bleibe gefunden haben[15]. Damit waren Urteile über ein Ende originärer religiöser Kunst in unserem ›religionslosen Zeitalter‹, wie sie schon zu Selbstverständlichkeiten der Kulturkritik gehörten, hinfällig geworden.

Mit Chagalls Bildern zur Bibel waren völlig neue Visionen der biblischen Humanität, Geschichte, Ethik und Begeisterung ›konstruiert‹. Das war das Wort, mit dem Chagall selbst den Vorgang seines Schaffens bezeichnete: ›Constructions psychiques‹. W. Haftmann[16] hat das in schöner Deutlichkeit beschrieben. Immer wieder ist aufgefallen, daß die landschaftlichen Eindrücke seiner Palästinareise von 1930/31 kaum irgendwo seine Bilder bestimmen und daß die ersten um 1931 entstandenen Blätter aus dem Zyklus Bible kaum zu unterscheiden sind von den mehr als zwanzig Jahre später radierten. Das kann nicht erstaunen, wenn man Chagalls gelegentliche Äußerungen liest, mit denen er über sein Schaffen spricht und in denen deutlich wird, daß er nicht nach Art von Buchillustratoren biblische Geschichten veranschaulicht. Nicht neuerworbene Techniken oder Theorien, aber auch nicht Belehrungen über die Landschaft der Bibel waren ins Bild zu setzen. 1923 hatte er in seiner Autobiographie schon von seiner Arbeit sagen können: »Ich wollte nicht mehr ... denken ... an die Umgestaltung des Vordergrundes bei den Cézanne-Schülern und beim Kubismus. Ich hatte den Eindruck, daß wir uns noch auf der Oberfläche der Sache bewegten, daß wir Angst hatten, in das Chaos hinabzutauchen, die gewohnte Oberfläche unter unsren Füßen zu zerbrechen und umzukehren ... Wohin gehen wir, was ist das für eine Epoche, die Hymnen auf die Technik singt und die den Formalismus vergöttlicht? ...«[17] Er arbeitet daran, ›seelische Wirklichkeiten‹, d.h. Schichten aufsteigender Traumbilder, Phasen biographischer Erinnerung, Stimmen der Überlieferung, Aspekte des Dialogs, Stufen der Erkenntnis so zu ›konstruieren‹, daß sie hervor-bringbar, produzierbar, auf Blatt oder Leinwand sichtbar zu machen wären.
»Der ›Wille zur Konstruktion‹ bedeutet also, einen Weg zu diesen im Unterbewußtsein und in der Erinnerung verborgenen Bildern zu öffnen.«[18]

Am Schluß mögen Sätze aus einer Rede des 83jährigen Marc Chagall stehen: »Von meiner Kindheit an hat mich die Bibel mit Visionen über die Bestimmung der Welt erfüllt ... In Zeiten des Zweifelns haben ihre Größe und ihre hohe dichterische Weisheit mich getröstet. Sie ist für mich wie eine zweite Natur.«[19]
Und vielleicht sah er so etwas wie die Erfüllung seines Lebens darin, dem französischen Staat, in dem er schon etwa fünfzig Jahre seines Lebens eine Heimat hat, seine 17 Bilder zur Bibel zu schenken, die nun in einem ›Museum für die Botschaft der Bibel‹ allen Menschen zugänglich sind.

Im Jahre 1973 ist dieses Museum, eine Stiftung Marc Chagalls und seiner Frau Valentina, in Nizza eingeweiht worden.

Hinweise zu den 24 folgenden Bildern und Gesprächen

Ungefähre Charakterisierung der Gesprächsvorgänge; Angaben über die Altersstufen der vor allem beteiligten Kinder:

Bild 1: Nicht-direktives Gespräch unter Kindern; 7–12
Bild 2: Kinderäußerungen und Impulse bzw. Antworten von Erwachsenen; 10–13
Bild 3: Impulsives Kindergespräch mit Fragen und Beantwortungen; 5–8
Bild 4: Kinderäußerungen, Erwachsenenimpulse und Veranschaulichung der Dialogik des Bibeltextes; 12–15
Bild 5: I Kindergespräch, geleitet von den Bildinhalten; 5–10
II Kindergespräch: Bildinhalte vermitteln sich mit eigenen Erfahrungen; 12–15
Bild 6: Kindergespräch; 5–9
Bild 7: Kinder- und Elterngespräch; 5–12
Bild 8: Kindergespräch, Informationen, Deutung; 5–12
Bild 9: Kindergespräch, Informationen, Deutung; 5–15
Bild 10: Kindergespräch, Informationen; 10–14
Bild 11: Kindergespräch mit Informationen und Deutungszusammenfassung; 10–15
Bild 12: Kindergespräch mit Informationen; 10–14/16–18
Bild 13: Kindergespräch, Informationen, Deutung, Frage; 10–14
Bild 14: Kindergespräch, Informationen, Deutung, Aktualisierung; 10–15
Bild 15: Kinderäußerungen und Informationserzählung; 8–15
Bild 16: Gemeinsame Erarbeitung des Bildes in einem Kurs Judentum der Sek.-Stufe II
Bild 17: Kinderäußerungen und biblische Erweiterung; 10–12
Bild 18: Erzählungen von Simsongeschichten; 10–12
Bild 19: Kinderäußerungen, Informationen, Gespräche; 12–15
Bild 20: Kinderäußerungen, Deutung; 10–15
Bild 21: Kinderfragen, Informationen, Deutungszusammenfassung; 9–14
Bild 22: Kinderfragen, Informationen, Deutung; 12–15
Bild 23: Kinderäußerungen, Gespräch, Information; 11–15
Bild 24: Kinderäußerungen, Gespräch, Strukturhinweise und Deutung; 11–15

Gespräche vor den Bildern sind oft durch das auf S. 85 ff. genannte Material vorbereitet, ergänzt oder fortgesetzt worden. An manchen Stellen der Gesprächsnotizen scheint das durch, aber um einer besseren Lesbarkeit willen sind solche Hinweise nicht in den Text des Buches aufgenommen. Der Leser kann davon ausgehen, daß viele der Kinder Kenntnisse der alt- und neutestamentlichen Geschichten hatten, die in den Anmerkungen zu den einzelnen Bildern genannt werden, daß manche – im Zusammenhang mit einem Kurs ›Jesuskunde‹ – eine Anschauung von der Lebendigkeit der Sabbatfeier hatten. Deshalb sei hier nachdrücklich auf die beiden Texte S. 67 ff. und S. 70 ff., die eine Art Voraussetzung mancher der mitgeteilten Kinderäußerungen bilden, hingewiesen.

Außerdem ist im Laufe der Arbeit ein bestimmter Sprachgebrauch bewußt gemacht worden, z. B. der *Name Gottes* ist im Anschluß an das Vaterunser erklärt worden aus der biblischen Tradition (vgl. dazu und zu ›*Bote*‹ statt ›Engel‹ oder zu dem ›*Licht um Gott*‹ statt ›Heiligenschein‹ das auf S. 12 und in den Anmerkungen 7, 8, 9 zur Einführung Gesagte); ›*Tora*‹, ›Weisungen‹, ›Hinweise für das Leben‹ statt ›Gesetz(estafeln); ›*sich festmachen an Gott*‹ (so die hebr. Wortwurzel) statt ›an Gott glauben‹; ›*Unsere Väter, Mütter*‹ statt ›die Verfasser der Texte‹.

Für den Gebrauch in Klassen und Gruppen können Sonderdrucke der Bilder 2, 4, 13, 14, 15 und 24 in Bündeln zu je zwanzig Stück bei den Verlagen bestellt werden.

Gespräche mit Kindern vor Bildern Marc Chagalls

Bild 1 Die Erschaffung des Menschen

Ein schlafender, ohnmächtiger Mensch wird gebracht – hat er gar nicht alle Glieder? – vielleicht von einem Unfall – das glaube ich nicht, dann wäre ein Auto, eine Straße oder Menschen zu sehen. – Ja, hier ist nur der Bote und der Mensch – die sind beide ganz hell – der Bote bringt den Menschen in das Dunkle, aber der Mensch weiß nichts davon.
Da ist noch ein heller Lichtkreis – ist das die Sonne? – aber das sieht aus wie Buchstaben. – Es sind die Buchstaben des Gottesnamens[1] – dann meint Chagall vielleicht das Licht Gottes – das Licht, das um Gott ist – ich halte manchmal meine Hand gegen den pechschwarzen Nachthimmel und kann sie trotzdem erkennen; es ist immer noch eine Helligkeit da. Dann denke ich, ob das vielleicht der Schimmer von diesem Gotteslicht ist – aber durch die Astronautenbilder wissen wir doch, daß der Nachthimmel draußen wirklich ganz schwarz ist und daß die Sonne nur ein weißer, glühender Ball ist – trotzdem erlebe ich einen schönen Sonnenaufgang immer mit Spannung; ich denke dann: so etwas geschieht auch in mir: jetzt wird mir etwas klar, es wird besser werden – ich freue mich auch jeden Morgen, wenn es wieder hell wird: dann weiß man, wo man wirklich ist und wie alles richtig ist. –
Es gibt doch auch Geschichten in der Bibel, da hat Gott dem Mose sein Licht gezeigt und Jesus – und den Leuten zu Pfingsten, dann wußten sie, wie sie richtig handeln konnten – die wußten dann auch plötzlich, wie alles wirklich ist, aber ganz wirklich, und dann konnten sie anders leben als vorher. –
Es gibt auch eine Geschichte, da ist erzählt, wie Gott vielleicht alles in der Welt geschaffen hat. Aber zuerst hat er, glaube ich, das Licht, das um ihn ist, geschaffen, und zum Schluß eine Ruhe, die um ihn ist. Unsere Lehrerin sagte: Dieses Licht und diese Ruhe, die könne man sich als die beiden ›Hände‹ Gottes vorstellen, die um unsere ganze Welt mit all den vielen Sternen herumliegen und sie halten[2]. Da brauchen wir gar keine Angst zu haben, Gott ist überall um uns, auch um die Astronauten.

In manchen Kirchen brennt auch immer ein Licht, das ›ewige Licht‹, das soll an Gottes Licht erinnern, – wie die Kerzen auf dem Altar der Kirche oder die Kerze auf unserem Tisch, nicht? – Ja, die Kerzen sollen daran erinnern[3], daß Gott uns nicht in eine Welt gebracht hat, die finster, eng oder bedrückend ist.

Auf dem Bild fällt dieses Licht auf den Boten und den Menschen. Der Bote bringt den Menschen in das Dunkle, aber er selbst blickt zum Licht zurück – weil er von dort kommt? – und vielleicht will er auch dahin wieder zurück – soll er denn den Menschen in das Dunkle bringen? – soll der dort leben? – kein Mensch wird ja gefragt, ob er geboren werden will.
Vielleicht meint Chagall mit dem Boten unsere Eltern, die Mutter? – die hat uns ja in die Welt gebracht – manchmal finde ich das traurig, daß ich leben muß, dann möchte ich am liebsten weglaufen oder mich verstecken, daß mich keiner mehr sehen kann, aber nachts im Dunkeln habe ich auch Angst.

Vielleicht denkt Chagall auch an die schrecklichen Schicksale seines Volkes oder vieler Menschen, für die die Welt in Kellern, Gefängnissen, Verstecken eine Finsternis war – und ist.

Eigentlich, finde ich, ist die Welt ja schön, aber die Menschen machen sie finster – mein Onkel sagt: Wir Menschen machen uns die Welt zur Hölle – aber Gott, das Licht dort oben, können wir uns nicht zur Hölle machen – es gibt uns Mut – das ist wie mit einem alten Mann, der in unserer Siedlung wohnt: der hat so ein freundliches, helles Gesicht. Wenn der mich auf dem Schulweg trifft, wünscht er mir immer viel Glück – dann habe ich gar keine Aufregung mehr vor der Schule, – dann freue ich mich immer, daß es so etwas in der Welt gibt.

יהוה

BILD 2 Noah, in der Arche eingeschlossen

Menschen und Tiere sind in einem Zimmer, es ist eng darin. Es ist ein alter Mann, mit einem langen Bart und vielen Falten auf der Stirn – vielleicht hat er Kummer. Aber seine Augen zeigen keine Angst oder Sorge – er guckt ernst aber freundlich – es sieht aus, als blickte er jemanden ganz in der Ferne an – vielleicht spricht er mit den Augen zu Gott – mit der einen Hand läßt er einen Vogel aus dem Fenster – eine Taube? – vielleicht ist es Noah in der Arche?

Hinten in der Ecke die Frau ist traurig – ihr Kindchen sieht aus, als sei es schon tot – sie drückt es an ihre Brust – kann sie ihrem Kind vielleicht nichts mehr zu essen geben – dann würde die ganze Familie aussterben, nicht? – sie alle haben Hunger – das Tier kuschelt sich an Noah, und er krault es – der Hahn wartet, ob er nicht ein paar Körner bekommen kann.

Ist es denn wirklich Noah? – ich kenne nur Bilder, wo man die Arche auf dem Wasser schwimmen sieht – (wir vergleichen Chagalls Bild mit einem Kindergottesdienst-Bildchen: da schwimmt die hübsche Arche, fast wie ein Ausflugsschiff, und lustig: all die Tiere darin machen lauter Späßchen) [1]. –
Aber eigentlich darf man die Arche doch nur so malen wie Chagall, denn von außen hat ja niemand zuschauen können – warum haben es denn die anderen Maler nicht so gemacht? – vielleicht haben die es nicht gewußt, – die haben es nicht erlebt.

Wenn ihr an die Geschichte von Chagalls Volk denkt, werdet ihr vielleicht verstehen, warum er darauf kam, die Arche so zu zeichnen: in solchen kleinen Häuschen haben die Juden oft durch Jahrhunderte hin leben müssen und konnten nicht hinaus in die Welt, aber sie haben sich erinnert an ihren Auftrag, auch im kleinen Raum Frieden zu halten und die Hoffnung nicht zu verlieren, daß Gott wieder Freiheit schenken wird [2].

Vielleicht geht es heute auch vielen Menschen so. Unser Pfarrer hat einmal gesagt, unsere Erde ist wie ein Raumschiff ›Arche‹, das durch den Weltraum fliegt und bei dem an Bord vieles kaputtgegangen ist, und viele denken: wo werden wir einmal landen? – wird unser Leben wohl wieder einmal menschlicher werden: ohne Umweltvergiftung, Atomangst, Terror – aber wenn sie dann nicht so, wie der Noah, zu Gott wie zu einem Freund blicken können?

Warum läßt Gott so Schreckliches überhaupt zu? – Einer unserer Väter [3] hat sich das so klar gemacht: Es hat vielleicht eine Zeit gegeben, da war alles, was aus den Herzen aller Menschen an Träumen oder Gedanken aufsteigt, nur auf das Verkehrte aus, dem Nächsten nur zum Bösen, so daß es Gott eigentlich leid tun konnte, dieses schöne Geschöpf Mensch geschaffen zu haben.

Aber was können wir Menschen denn gegen so etwas Schlimmes tun? – Der Noah schaut unverwandt zu Gott, so wie der Hahn zum Noah blickt, – ja, vielleicht dürfen wir uns nicht bange machen lassen von all dem Schlimmen, das Menschen tun, die feste Hoffnung nicht aufgeben, daß Gott uns braucht als seine Freunde, die ihm mithelfen, diese schöne Schöpfung mit Liebe und Freundlichkeit zu erfüllen. – Und dann das Notwendige tun, so wie Noah, der die Taube fliegen läßt.

Bild 3 Noahs Dankbarkeit

Es ist ein großer Holzstoß mit zwei geschlachteten Schafen darauf, und alles brennt – davor liegt ein Mann mit dem Gesicht zur Erde – eine Frau steht rechts und betet.
Werden die Schafe gebraten? Nein – wozu macht man denn sonst Feuer? – wenn man Wälder rodet oder abkocht oder Signale geben will ...

Hier geschieht etwas ganz anderes:
Die schreckliche Flut ist schließlich doch noch zu Ende gegangen. – Noah und seine Frau sind nicht ertrunken und nicht verhungert! –
Wenn ich so etwas erlebte, glaube ich, würde ich vor Glück und Freude mein ganzes Leben lang nur noch weinen:
So ähnlich geht es dem Noah: er kann nicht einmal mehr stehen – das kenne ich, wenn ich von solcher Angst freigekommen bin, muß ich mich immer lang unter unseren Tisch legen. –

Aber vorher hat Noah etwas anderes getan, er hat Holz genommen und von seinen besten, wertvollsten Tieren zwei geschlachtet und alles entzündet – es war sein Gefühl: Ach, könnte ich doch mein Herz vor Dankbarkeit hinaufwerfen zu Dir, Gott – nun lodert wenigstens die Flamme hinauf.

Vielleicht ist es das Holz von der Arche, denn die braucht er ja nun nicht mehr.

Jetzt kann noch einmal Leben auf der Erde beginnen, mit frischer Arbeit und Erfindungskraft.

Bild 4 Abraham bittet Gott, auf die zu blicken, die das Rechte tun

Da sind drei Boten auf dem Bild – die sind auf einem Berg – und da steht ein alter Mann an einem sehr steilen Felsen – der sieht überhaupt nicht, wie steil das ist – der eine Bote hält ihn von der Steilkante zurück –
Ein Bote ist schon ein ganzes Stück tiefer – der hat schwarze Flügel – er zeigt in den Abgrund – das sieht aus wie eine Stadt: Häuser, Tempel, zwei Bäume. – Es ist die Stadt Sodom – ach, Sodom und Gomorrha, das waren Verbrecherstädte. – Na? – ja, jedenfalls sind sie vom Erdboden verschwunden, weil die Menschen darin nur Böses getan haben, wie die damals bei der Sintflut. – Ich finde, so kann man das nicht sagen, das klingt ein bißchen wie Tarzan: da die Bösen, hier die Guten – aber das steht in der Bibel! – So jedenfalls steht es nicht in der Bibel.
Die Bibel erzählt von einem Gespräch [1]. Der Erzähler hatte gehört, daß früher, vielleicht zu Abrahams Zeiten, dort unten eine Stadt gestanden hatte, die plötzlich versunken ist (Erdrutsch, Erdbeben, Vulkanausbruch). Da fragt der Erzähler sich: Wie mag Abraham das mit Gott in Verbindung gebracht haben – den Untergang so vieler Menschen und Gott?
Auf Chagalls Bild sieht man, wie Abraham darunter leidet – er ist ganz hoch oben, auf dem höchsten Berg – als ob er zu Gott selbst gegangen ist, um das zu verhindern.
Ja, der Erzähler in der Bibel hat sich solch ein Gespräch zwischen Abraham und Gott vorgestellt: Wenn Unrecht und Gemeinheit zwischen Menschen so zunehmen, daß keiner mehr dem andern trauen kann, dann wird das Leben unerträglich, dann richten die Menschen sich selbst zugrunde – oder Gott läßt eine Naturkatastrophe kommen – aber kann man von einer »Naturkatastrophe« sagen: Gott hat das getan, Gott kann eine ganze Stadt einfach wegnehmen? – ja, wie bei der Sintflut –
Abraham sagt zu Gott: »Das darfst du nicht tun, wenn du gerechter Richter über die Welt sein willst!« Darf ein Mensch zu Gott so reden, ohne abzustürzen? – vielleicht hat Chagall den Abraham deshalb an den Steilabhang gemalt? –
Abraham sagt: »Es könnte doch sein, daß unter all den Schlimmen in Sodom vielleicht fünfzig Menschen sind, die versuchen, das Recht Gottes zu tun. Wieviel Leid, wieviel Tränen, wenn die immer gegen den Strom schwimmen! Wieviel Liebe zu Gott, wieviel Hilfe für Menschen! Vielleicht steckt deren Beispiel an? Warum willst du die Stadt aufgeben, solange noch solche Hoffnung besteht? Blick nicht auf die andern, blick auf die, die deine Freunde sind!«
Abraham ist ein alter Mann mit viel Erfahrung. Ihm kann man nichts vormachen.
Abraham hat so viel Unrecht, so viel Dummheit, so viel Gedankenlosigkeit und Ängstlichkeit an sich und anderen kennengelernt; er weiß, wie schwer es den Menschen fällt, nicht mitzumachen, wenn alle sich für etwas Schlimmes entschlossen haben: –
Fünfzig wird Gott vielleicht doch nicht finden, Abraham sagt zu Gott: »Vielleicht sind es vierzig oder dreißig in der großen Stadt? Vielleicht zwanzig, und wenn es nur zehn Menschen wären, die das Rechte tun, es bleibt immer die Möglichkeit, daß ihr Beispiel eines Tages andere ansteckt. Könnte die Stadt nicht erhalten bleiben um ihretwillen? Könnte sich das Rechttun auch nur weniger Menschen nicht doch so sehr lohnen?«

Vielleicht könnten auch wir einmal in einer grölenden Abstimmungsmenge das Recht für höher achten als unsere Sicherheit? – aber das ist sehr schwer – man traut sich nicht – man weiß vielleicht auch nicht, ob es sinnvoll ist – vielleicht können das nur solche, die sich ganz festgemacht haben an Gott – oder die Gott festgemacht hat an sich.

Vielleicht hätten auch wir unseren Mut schon verloren, wenn wir nicht ein paar Menschen kennten, die ihr Leben nach dem Recht richten, nicht nach Vorteil oder Laune. –

Ich finde gut, daß Abraham zu Gott sagt: Sieh doch auf das Gute unter uns Menschen, solange gute Ansätze da sind, gibt es doch Hoffnung! – Ja, mit Abraham ist etwas ganz Neues in die Welt gekommen: daß Menschen sich nicht über den Untergang der ›Bösen‹ freuen, sondern nach Rechttun und Liebe fragen. Übrigens bezeichnen drei große Religionen Abraham als ihren ›Vater‹: Juden, Christen und Moslems – das finde ich prima.

BILD 5 Abraham hat seinen Sohn Isaak gefesselt[1]

I. Da ist ein weißer und ein schwarzer Mann – der ist schon alt – und ein weißer Engel – der kommt wie ein Blitz – aber vor seinem Gesicht habe ich Angst – das ist wie eine Gruselmaske – da hinten ist noch ein kleines Tier – ein Lamm – das ist in einem Wald – es guckt so ängstlich – es hat Angst vor dem Messer des alten Mannes – der weiße Mann ... – Das ist sein Sohn, er heißt Isaak – ... hat keine Angst, sonst würde er weglaufen – er ist nackt – ist er an den Händen gefesselt? – wo liegt der eigentlich? – vielleicht auf einer Decke.
Ist der alte Mann ein Arzt?, will er ihm etwas tun? – Es ist sein Vater, Abraham – der hält Isaak fest – nein, er streichelt ihn – aber warum guckt er ihn nicht an? – er hat auch (d.h. wie ich) Angst vor dem Engel. – Vor dem Boten Gottes. – ja – er weiß nicht, was das Gesicht bedeuten soll – warum der so eine Gruselmaske hat – als ob er sagt: »Was soll das, was willst du?« – Isaak macht sich gar nichts daraus – ich glaube, er schläft – vielleicht ist er ohnmächtig – sein Kopf hängt ja auch so nach unten – hängt? – er hat ja dieselbe Farbe wie der Engel – vielleicht denkt er an das Licht Gottes – ja, wenn er das Gesicht des Boten sähe, bekäme er vielleicht auch Angst.
Der alte Mann hat einen riesigen Kopf – wenn der kleiner wäre, wie bei Isaak und dem Engel, würde man ihn gar nicht richtig sehen, so dunkel ist das alles – wenn ich solch ein Gesicht gemalt hätte ... – eigentlich sieht man nichts genau – ein bißchen vom Auge, vom Bart, – von der Nase, vom Mund diese Falte.
Der ganze Abraham ist im Dunkeln – ihm ist finster zumute (man sagt doch: einer blickt finster), das Licht Gottes ist ihm schon fast aus der Erinnerung, er hat vielleicht so viel Kummer – oder Angst – vielleicht denkt er auch: das mit Gott, das stimmt gar nicht, es gibt gar kein Licht in der Welt – aber er guckt doch den Boten Gottes direkt an –
Ich glaube, Chagall will ausdrücken: Abraham sieht nur das schreckliche Gesicht des Boten, und da wird für ihn alles dunkel; daß der Bote Gottes Licht hat, kriegt Abraham kaum noch mit – mit Isaak ist's genau anders herum: der sieht das Gesicht des Boten nicht, er ist nur hell, wie das Licht Gottes.

II. Isaak liegt auf einem Holzstoß – aber er wehrt sich nicht – er versucht nicht wegzulaufen – das Bild erinnert mich an Bilder aus dem Buch von Hitlers ›Todesfabriken‹ (KZ): dort haben Soldaten getötete jüdische Menschen nackt auf Holzstöße gelegt, die wurden dann in Brand gesteckt – nur weil sie Juden waren – nur weil ihre Eltern sie im jüdischen Glauben erzogen hatten – soll denn Isaak verbrannt werden? – von wem? – von Abraham?
Abraham ist ganz schwarz gezeichnet: seine eine Hand hat er auf seinen Sohn Isaak gelegt, er möchte ihn festhalten – sein Gesicht schaut zu dem Boten auf – seine rechte Hand hält ein Messer.
Der Bote fährt von oben auf Abraham zu – wie ein Blitz wirkt das – aber dieser Bote hat ein unheimliches Gesicht. – Isaak ist gefesselt, nicht?

Fesseln Eltern ihre Kinder? – aber nicht mit Stricken – ja, wenn sie ihnen z.B. vorschreiben, was sie essen oder anziehen sollen – manche sagen ihnen auch, welchen Beruf sie lernen sollen, vielleicht hat der Vater denselben – aber auch, wenn sie bestimmen, auf welche Schule sie gehen sollen – oder wie die Mutter kocht, daran gewöhnt sich die Familie, dann schmeckt es ihnen woanders nie so gut – Gewohnheit ist auch eine Fesselung – oder wenn der Vater in einem Verein oder einer Partei ist, dann sehen die Kinder bald auch alles durch seine politische Brille.
Ähnlich ist es mit der Religion: Wenn Eltern ihre Kinder ›festmachen an Gott‹, dann fesseln sie sie – durch die Gewohnheiten und Bräuche – die Vorstellungen und Ansichten der Religion.
Das ist für die Kinder oft zum Nachteil, ja, das hat viele das Leben gekostet – bei den Juden z.B. unter Hitler:
Ob die Juden das auch gemacht hätten, wenn sie gewußt hätten, daß den Kindern so Schlimmes droht? – auch wenn sie gewußt hätten, daß ihre Kinder vielleicht umgebracht werden? – nur weil Gott das in der Bibel gesagt hat?
Meine Eltern würden das nicht tun, die hätten viel zuviel Angst um mich. Die reden auch gar nicht von Gott – nein, meine auch nicht, die machen sich solche Sorgen nicht. Denen ist es

ganz egal, was ich glaube – naja, dann brauchen sie sich auch keine Sorgen um dich zu machen. –

Eigentlich, kann man sagen, hält Abraham Gott für wichtiger als die Angst um sein Kind. Das war doch das einzige Kind Abrahams, nicht? – wenn man bedenkt, daß der vielleicht umkommt, nur weil Abraham ihn wegen Gott gefesselt hat, dann hat der Abraham ja gar nichts mehr – was mögen wohl jüdische Eltern gedacht haben, wenn sie hörten, daß Hitler ihre Kinder im KZ umgebracht hat?
Man kann sich gar nicht vorstellen, daß es Menschen gibt, die Gott noch so ernst nehmen – irgendwie finde ich das aber auch Spitze – ja, für die gibt es noch etwas, was absolut wichtig ist – ja, wichtiger als alles in der Welt – aber trotzdem wollen sie, daß Gott die Menschen in der Welt am Leben läßt, wie bei Sodom. – Das ist richtig spannend alles.

Bild 6 Abraham weint um seine Frau Sara

Abraham weint – er ist ganz alt – er hat ganz weißes Haar und einen langen Bart – er hat tiefe Furchen in der Stirn – er hält seine große Hand vor sein Gesicht – er möchte nicht, daß man seine Tränen sieht – er möchte vielleicht nicht sehen, daß seine Frau wirklich tot ist – seine andere Hand faßt noch nach ihrer Hand – aber Sara liegt schon ganz steif und leichenblaß da.

Warum kann ein Mensch eigentlich nicht allein leben? – keiner kann alles allein wissen, er möchte den anderen um Rat fragen – eine Mutter weiß viel besser Bescheid über das, was man anziehen muß bei schlechtem Wetter – oder was der eine essen darf und der andere nicht – oder wann die Wäsche gewaschen werden muß ... –

Auch wenn Eltern mal miteinander schimpfen, wenn sie sich hinterher wieder in die Arme nehmen, denke ich, zum Schimpfen braucht man auch einen Menschen, der einem gut ist, mit einem Baum kann man das nicht – man muß auch einen haben, dem man die Hand mal geben kann, wie wir, wenn wir uns beim Beten alle anfassen, – oder den man drücken kann, weil einem das Herz manchmal wie ein Stein ist und ein andermal wieder zerspringen will vor Freude – wenn man etwas Wichtiges weiß, braucht man doch einen, dem man's sagen kann, weil man sonst krank wird – oder wenn man einen guten Witz hat – oder wenn ich einem ein Rätsel aufgeben möchte.

Ein Glück, daß Gott uns zwei Eltern gegeben hat, und ich verstehe jetzt, warum die Leute auf dem Friedhof immer so traurig sind – vor allem, wenn sie ihr ganzes Leben lang sich immer alles erzählt haben und jeder den anderen fragen kann: ›Wie war das doch noch?‹

Bild 7 Jakob wird von seinen Kindern betrogen und weint

Da sitzt ein großer Mann, der denkt nach – nein, der ist traurig, sein Kopf ist ja ganz wie abgeschlagen – er ist zusammengesackt, – andere wollen ihn trösten – die sind aber klein: guckt mal deren Köpfe und Jakobs Kopf! – ich glaube, die streiten hinter ihm – die reden mit den Händen – einer legt seine Hand vorsichtig auf die breite Schulter des Mannes – die ist winzig, nicht? – er blickt abwartend – ein anderer schaut ihn an, – er hebt seine Hand, als wollte er sagen: Ach, ihn kannst du ja doch nicht trösten – dahinter duckt sich einer mit vielen Furchen auf der Stirn, mit ängstlichen Augen – nein, mit bösen – ein vierter redet mit den Händen, als flüstert er: Seht ihr, was sollen wir jetzt machen?

Auf einem Stein sitzt der alte große Mann. – Es ist Jakob – er hat etwas in der Hand – ein Tierfell – nein, ein Hemd, Josephs bunten Rock! – die Brüder hatten den Joseph doch in gemeiner Weise gequält, sie wollten ihn verhungern lassen, dann haben sie ihn an Sklavenhändler verkauft – und Josephs schönen bunten Rock haben sie zerrissen – aber vorher hatten sie ihn noch im Blut eines geschlachteten Schafes gewälzt – den hatte Jakob für Joseph so schön bunt nähen lassen – aber die Brüder haben den blutigen, zerrissenen Rock dem Vater gebracht und ihn gefragt, ob das nicht Josephs Rock sei – ob vielleicht ein wildes Tier den Joseph gefressen hätte – Ruben hatte das nicht gewollt – aber die anderen Brüder.

Ist das wirklich passiert? – können die so gemein sein? – überall in der Welt sind die Menschen so, das kannst du oft in der Zeitung lesen
aber Jakob hat den Joseph auch immer vorgezogen – der Vater hatte vergessen, daß die anderen Brüder auch mal ein freundliches Wort haben wollten – und außerdem hat Joseph auch immer so großartige Träume gehabt – da war er viel berühmter als seine Brüder – das hat er ihnen auch immer erzählt – damit hat er sich großgetan – da wurden die wütend – da kam so richtig ein Neidgefühl in ihnen hoch.
Können Kinder einen Vater oder ihre Eltern trösten? Wieviel machen auch Mutter und Vater falsch! Darum ist es ganz wichtig, daß wir alle immer miteinander sprechen und jeder auszudrücken versucht, wenn er meint, daß der andere ihn nicht verstanden hat, daß er etwas gegen ihn hat oder einen Fehler gemacht hat.
Es ist gut, wenn wir voneinander wissen, daß niemand über den andern herrschen will. Es ist gut, wenn wir uns bemühen, uns so wahrzunehmen, daß wir herausbekommen, wo Stärken und wirkliche Interessen eines jeden liegen; es ist gut, wenn wir herausfinden, welche Aufgabe Gott vielleicht mit jedem von uns gemeint haben könnte, und wenn wir ihm dann helfen, daran seine Kräfte zu trainieren.
Dann könnte vielleicht ein bißchen von dem Frieden, den wir alle brauchen, sichtbar werden. Warum sollte dann der eine nicht schöne Träume haben, der andere seine Gitarre besonders lieben, der dritte seine Schiffsbaumodelle und der vierte das Training auf dem Fußballplatz?
Und dennoch müssen wir damit rechnen, daß solcher Friede gestört wird:
Nie sind wir sicher davor, daß einen plötzlich die Begeisterung für solche Kameraden oder Gruppen packt, die den Frieden lächerlich machen und den anderen nicht verstehen wollen, sondern ihn bekämpfen, weil sie ihn loswerden wollen wie die Brüder den Joseph und weil sie selbst an die Macht kommen wollen.
Jakob weiß das: So ähnlich hat er als Junge an seinem Bruder Esau gehandelt, so haben Labans Söhne an ihm selbst gehandelt, so handeln nun seine eigene Söhne an ihrem Bruder: So ist die Welt der Menschen.

Bild 8 Jakob segnet Josephs Söhne vor seinem Tod

Da sitzt ein alter Mann – auf einem großen Stuhl – oder auf einem Bettrand – er blickt aus einem großen Fenster – hinten in der Ecke steht eine Frau und weint. – Nein, das ist Joseph, er hat einen merkwürdigen Hut auf, wie ihn wohl vornehme Leute in Ägypten trugen – weint er?
Er ist ganz schwarz, wie ein Schatten, – aber Jakob ist hell, als ob das Licht Gottes ihn bestrahlt – warum faßt Joseph sich an sein Herz? Hat er Kummer?

Joseph sieht, wie seine beiden Kinder von Jakob gesegnet werden – ja, ich weiß, der Jakob umarmt sie, – nein, er legt seine Hände auf ihren Kopf – so wie der Pfarrer bei der Konfirmation – mein Opa macht das auch manchmal, wenn wir allein sind und wir verstehen uns so gut, dann nimmt er mich auf den Schoß und hält seine Hand auf meinen Kopf, das ist schön, dann fühle ich immer, als ob es ganz warm bei mir würde, dann denke ich, wir beide verstehen uns wirklich so gut wie wohl keiner sonst. Vielleicht werde ich auch mal so stark und überhaupt so wie Opa, das ist hinterher wirklich immer so, als wäre ich schon ein Stück größer oder stärker oder ruhiger, mehr so wie er. – Ja, so etwas geschieht hier auch – will Joseph das nicht, oder warum weint er?

Das ist nicht so schnell zu erklären, da muß ich euch eine Geschichte erzählen:
Joseph wollte, daß der Großvater seinen Kindern die Hände so auf den Kopf legt, wie du das vorhin von dir erzählt hast. In der Bibel heißt das »segnen«. Joseph läßt seine Söhne Manasse und Ephraim in der Reihenfolge ihres Alters niederknien, damit Jakob sie segnen soll, den Älteren mit der wichtigen Rechten, den Jüngeren Ephraim mit der linken Hand. Aber Jakob kreuzt seine Arme und macht es umgekehrt. Das ist zuviel für Joseph. Er war ein großer Mann in Ägypten. Was er sich vorstellte, wurde Wirklichkeit, was er plante, wurde ausgeführt. Jetzt erlebt er, daß seine Pläne durchkreuzt werden. Das verkraftet er nicht. Warum Jakob das macht, wird nicht gesagt. Daß es richtig so war, zeigte sich später. Ephraim wurde der wichtigere von beiden. Jakob hatte anderes in seinem Leben gelernt als Joseph: Diese Welt gehörte Gott. Er schickte einem plötzlich ›Boten‹, die die eigenen Lebenspläne zerstörten. Aber gerade so hatte Jakob gelernt, ›vor Gott‹ zu leben.
Chagall hat ihn vor ein großes Fenster gesetzt. Aus dem schaut Jakob hinaus, als sähe er dort sein langes Leben: Es war voll von Überraschungen, Schrecken und Freuden. Ihr wißt, er hatte Angst in der Wüste und Angst vor den fremden Hirten, Angst vor Labans Söhnen und Angst, als er nachts an dem Wildbach von einem Fremden angefallen wurde – aber immer hatte er seine Angst und seinen Kummer vor Gott ausgesprochen, und dann hatte der Krampf in seinem Herzen nachgelassen, und er war weitergezogen, weil er fest darauf vertraute, daß Gott ihn noch brauchte. Immer war Gott bei ihm, das hatte ihn tapfer gemacht. Viele seiner Pläne waren gescheitert, aber er hatte gelernt, dieses Leben als Abenteuer zu verstehen, mit Spannung darauf zu warten, was er an jedem Tag in der Welt Gottes erleben würde. Gott hatte ihm einen neuen Namen gegeben, hatte ihn Israel genannt. Und er wollte so leben, daß er die Freundschaft Gottes nicht enttäuschte.

Von alledem weiß Joseph zu wenig. Kann er nicht sehen, was Jakob schaut, oder will er es nicht sehen, weil er hinter seiner Hand seine eigenen Wünsche und Pläne verbirgt? Er ist eben ganz Ägypter geworden, einer, der die Welt erobert und sie nach seinen Plänen gestaltet – ich glaube, draußen, wo Jakob hinschaut, kann man sogar die Umrisse von Pyramiden sehen. – Das mag sein, aber alle großen Bauten und herrlichen Schätze der Völker sind nicht wichtig für diesen Blick Jakobs.
Er blickt aus Ägypten hinaus. Mag Joseph sich in Ägypten wohlfühlen, mag er hier fürstliche Ehren genießen, – das alles ist unwichtig, solche wichtigen Leute gibt es unter allen Völkern, aber die Enkel sollen wissen: ihr Land, ihr Erbe ist jenes kümmerliche, aber ihnen von Gott geliehene Wüsten- und Bergland Israel. Dagegen ist das reiche, berühmte Ägypten wie jenes andere herrliche Land der Welt nur Fremde, Knechtshaus [1].

BILD 9 Gottes Anruf an Mose

Da ist wieder der Lichtglanz Gottes mit dem Gottesnamen – der ist hinter einem Baum oder kommt aus einem großen Busch. – Der Mann ist Mose – der hat Hörner. – Nein, das sind Strahlen von dem Lichtglanz Gottes auf dem Gesicht des Mose[1]. – ja, der sollte wie alle israelitischen Jungen auf Befehl des ägyptischen Königs getötet werden – aber dann ist er doch durch ein Wunder gerettet und sogar im ägyptischen Königspalast erzogen worden – wie ein ägyptischer Prinz.

Eines Tages jedoch, als er schon erwachsen war, hat er erlebt, wie ein ägyptischer Sklavenaufpasser israelitische Arbeiter mit Peitschen schlug, weil sie nicht mehr arbeiten konnten vor Entkräftung, und da ist ein solcher Zorn in Moses hochgestiegen, daß er den Aufseher totschlug. Von der Polizei ist er dann als Totschläger gesucht worden. Aber es gelang ihm, in die Wüste zu fliehen, und er hat bei einem Nomadenstamm eine Beschäftigung als Schaf- oder Ziegenhirte gefunden.

Da hat er die Sonnenglut und den Durst des Tages, die Mühen mit den Tieren, die Ängste und die Kälte in den Nächten kennengelernt, er, der verwöhnte ägyptische Prinz.

Vielleicht hat er da immer an sein Volk in Ägypten denken müssen. Vielleicht hat er denken müssen: es ist nicht recht, daß ein Mensch, ein König mit seinen Ministern und Soldaten die anderen Menschen wie Arbeitsvieh behandelt. Vielleicht hat er immer wieder denken müssen: Ich bin in Sicherheit, aber was wird aus meinen Eltern, Freunden ...?

Hier auf Chagalls Bild ist er klein, – er liegt auf den Knien – greift er sich mit der Hand vor Schrecken nach dem Herzen? – hat er Angst vor dem hellen Licht? – er starrt gar nicht in das Licht – er hat ein leuchtendes und doch von Sorgenfalten durchzogenes Gesicht – er erlebt irgend etwas. – Als ob er auf eine Stimme hört: »Du weißt, daß das Leben unter Menschen anders sein kann als in Ägypten. Du kennst die Geschichten von Abraham, der sogar vor Gott gestritten hat für das Recht und die Liebe. Aber dir genügt es wohl, wenn du deine Ruhe hast hier in der Wüste ...?! Wie soll es anders werden, wenn niemand zum Pharao geht und ihm sagt, daß es anders sein kann unter Menschen ...?! Geh zum Pharao und sag ihm: Gib MEIN Volk frei, damit es draußen in der Wüste lernt, was meine Freundschaft ist!«
Aber Mose wurde doch als Mörder gesucht! – der soll nach Ägypten gehen? – und dann noch dem Pharao seine billigen Sklaven wegnehmen? – das kann ja gar nicht gehen.
Wie ist es zu erklären, daß Mose doch gegangen ist? Das haben auch unsere Väter sich gefragt: Ist Gott, der außerhalb seiner Welt wohnt, weit ab von brutalen Menschen, so hartherzig, daß er so Schreckliches und Aussichtsloses von einem Menschen verlangt, daß er ihn aus dem sicheren Wüstenversteck in die Hände der Polizei schickt, die ihn sucht?

Da erfährt Mose das Neue.
Gott tut dem Mose kund: »Mein Name יהוה / JHWH heißt: ›Ich bin da für euch, bei euch, ich gehe ja mit euch‹. Durch euch wird mein Name hell gemacht in der Welt. An euch können die andern erkennen, wer ich bin. Neu wird die Erde und die Menschenwelt werden, wenn ihr mit mir geht, wenn ihr euch festmacht an mir. Bleibt nicht zurück, setzt euch nicht fest in euren bequemen Träumen von Ruhe und Sicherheit! Ihr sagt, ihr wüßtet, daß niemand den Pharao ändern wird, daß die Verhältnisse immer so bleiben werden. Aber euer Wissen kommt nur aus eurer beschränkten Erfahrung. Eure Pläne und Berechnungen stimmen nur im kleinen Rahmen. Überschreitet euren Rahmen und seid gespannt auf das Neue! Die Welt und euer Leben wird voller Wunder sein, denn es ist meine Welt und mein Leben. Niemand kann wissen, ob er etwas kann, ehe er's nicht versucht hat.«
Von Mose an hat das nie wieder aufgehört im Volk Gottes. Immer hat es seitdem Menschen gegeben, die den Machthabern in der Welt dasselbe zugerufen haben: Propheten und Dichter, Rabbinen, Mönche und Pfarrer. Vielleicht fallen euch Namen ein? ... Chagall hat deshalb gesagt: »Mose ist die Quelle, aus der alles stammt.« Und kein Bildthema hat er so häufig gemalt wie Mose.

יהוה

Bild 10 Geht Mose in sein Verderben?

Jetzt ist Mose ganz groß – sein Gesicht ist wie erstarrt und leuchtend – er schaut gerade in die Richtung, in die er gehen soll – hinab aus der Bergwüste in die Nilebene Ägyptens – er hat weitaufgerissene Augen: was wird ihn erwarten? – aber da ist noch einer – der stellt sich ihm entgegen, das kann man an den Füßen sehen – er hat einen zweifelnden Blick. – Das ist Moses Bruder, Aaron – vielleicht hat er Mose gerade abgeraten, nach Ägypten zu gehen – ja, Mose scheint zu sprechen: mit den Händen macht er eine solche Bewegung: »Was willst du machen, Er hat's gesagt, es ist Sein Auftrag, da kann sich niemand entziehen«, dabei rutscht ihm sein Stab aus der Hand.

Einige unserer Väter waren der Meinung, Gott habe Aaron dem Mose als helfenden Begleiter entgegengeschickt, und als sie sich in der Wüste trafen, umarmten sie sich. Aber das meint Chagall hier wohl nicht, denn wie anders, ergriffen, auf das Ziel zu, von Gott erfüllt, ist Mose, der aus der Begegnung mit Gott kommt, und wie matt, mit fast müden Augen, bewegungs-, entschlußlos steht Aaron ihm im Wege! – warum ist der ganze Hintergrund des Bildes, besonders rechts, wie voll Feuer? – vielleicht soll es die Lichtglanzherrlichkeit Gottes andeuten, den Licht-Hintergrund der Welt, den Mose am Dornbusch gesehen hat, – von dem weiß ja Aaron noch gar nichts, – und er sieht ihn auch nicht.

Übrigens: schlimme Mißerfolge hat Mose erlebt, als er nach Ägypten kam, seine eigenen Leute glaubten ihm nicht, hatten Angst vor der Wut der Ägypter. Sie beschimpften Mose, daß er gekommen sei, sie in ihrer Ruhe zu stören. Ägypten, ein Land mitten in der Wüste, hatte immer viele Sandstürme, die oft den Himmel verfinsterten. Heuschrecken, die zu vielen Tausenden mit dem Sturm herangetrieben wurden und alle Nahrung von Wiesen und Feldern wegfraßen. Frösche, Überschwemmungen, Infektionskrankheiten [1]. Jetzt hieß es plötzlich, das hängt mit Mose zusammen, so erzählten einige unserer Väter. Die einen sagten: Gott straft den Pharao und sein Volk; die anderen sagten: Mose läßt deutlich werden, daß Israels Gott Herr der Welt, auch der Naturgewalten ist.

Bild 11 Mose steht vor dem Herrn der damaligen Welt

Vielleicht kann man gar nicht alles aufzählen, was Chagall auf dieses Bild gebracht hat. Hier also steht nun Moses vor dem gewaltigsten König der Welt, dem ägyptischen Pharao. Der Augenblick ist da.

Ganz im Hintergrund, was ist das? – Bauwerke, tiefe Eingänge? – vielleicht zu den gewaltigen Pyramiden – die stehen schon seit tausend Jahren – nein, seit viertausend/fünftausend – alle Leute, die nach Ägypten fahren, sehen sich die an. Dann ist *er* zu sehen, der Pharao, fast wie ein Püppchen – aber um ihn herum ist viel – die Zeichen seiner Macht – da soll man Angst kriegen – oder Achtung – da liegt ein Teppich – nur über einen Teppich kommt man zu ihm, Stufen führen zu seinem Thron hinauf – er ist höher als alle Menschen – er ist auch schöner: er trägt einen weiten Mantel, da ist eine breite Kette um seinen Hals – Ein Brustschild – hat er eine Krone mit zwei Zacken auf? – Es ist die Doppelkrone von Ober- und Unterägypten – er drückt etwas an sein Herz – ist das der Königsstab?

Ja, der soll jedem sagen: Der Pharao ist wie ein Hirte und wie ein Gott: Mit dem Stab schlägt er die Feinde und jeden, der nicht auf ihn hört; mit dem Stab dirigiert er sein Volk. Rings um ihn herum ist etwas, ein Baldachin – da sind Schilde dran – das sind vielleicht Siegeszeichen, die Namen eroberter Städte – vielleicht Bilder besiegter Götter in fremden Ländern – neben dem Baldachin stehen Leute – die Minister, Offiziere und Berater des großen Königs.

Von der Seite her kommt Mose – es sieht aus, als ob er am Fuß einer schiefen Ebene zum Pharao emporblicken muß – er hat gar kein Machtzeichen – nur einen einfachen Kittel – er streckt seine Hände aus und sagt etwas – Die Hände sind genau in der Mitte des Bildes! – er blickt genau in die Richtung zum Pharao – Mose ist ganz hell – wie das Licht Gottes – ich weiß, was er sagt: »Der Gott Israels läßt dir sagen: Gib mein Volk frei!« – Ich kenne ein Lied: »Let my people go!« [1]

Aaron steht hinter Mose – er hat sich vielleicht nicht ganz getraut – Chagall hat ihn ja jetzt kleiner gemalt als auf dem vorigen Bild – Aaron blickt auch nicht wie Mose zum Pharao hin, er starrt Mose an – der Stab fällt ihm aus der Hand, das soll heißen, Aaron kriegt Angst: wie kann Mose so etwas tun!

Chagall läßt hier erkennen, wer letzten Endes groß ist. Verglichen mit dem wehrlosen, ungeschützten Mose, der ›durchstrahlt‹ ist von dem Gehorsam gegenüber dem Auftrag, sein Volk zu befreien, ist der ganze goldene und reiche und mächtige Glanz Ägyptens klein und dunkel. Was nützt den anderen ihr Stab? Aaron läßt ihn fallen, Pharao preßt ihn (vor Schreck?, vor Wut?) an sich – Vielleicht hat Pharao noch nicht begriffen, daß ihm vor diesem Geschehen kein Stab und keine Krone mehr etwas nützen kann – Aber nein, Pharao sagt zu Mose: »Ich kenne diesen Gott nicht. Macht euch an eure Arbeit!«

BILD 12 Mose und Pharao – wird es dunkel in der Welt?

Nein, Pharao hatte nicht begreifen wollen. Er gab die israelitischen Sklaven nicht frei. Ihre Arbeitslast wurde schlimmer. Deshalb murrten sie gegen Mose, der all das neue Unglück über sie gebracht habe.

Das Bild ist ganz dunkel – eine Finsternis – was ist das für eine Finsternis? – In Ägypten gibt es so schreckliche Sandstürme, daß die Sonne mitten am Tage verschwindet, daß es ganz finster wird – ja, da unten stürzen Menschen oder Tiere – weil sie nichts mehr sehen können. – Unsere Väter [1] sagten: es kann in der Welt Zeiten geben, in denen alles so finster ist, daß niemand mehr weiß, was oben und unten, rechts und links, was Recht und Unrecht ist, daß Menschen ganz durcheinander kommen. Viele sagen dann: Nun kommt der Weltuntergang – oder das macht der Teufel – oder böse Geister – manche glauben auch an Einfluß der Sterne – ich glaube, das heißt Horoskop.

Ja, die Väter [2] waren der Meinung, solche furchtbaren Zeiten in der Welt könnten manchmal etwas mit Israel oder Mose zu tun haben. Weil die Völker den Willen Gottes mit seinem Volk nicht verstehen wollen – ich kenne ein Buch, von »Friedrich« glaube ich: Erst wollte der Hitler die jüdischen 10 Gebote nicht mehr dulden, dann kam es unter den Deutschen zu Mord und Totschlag, nur die Juden hielten sich an die Gebote – aber nicht alle – nein, aber dann kam der Neid gegen die Juden, und dann sagte Hitler: »Daß es uns so schlecht geht, das liegt bloß an den Juden, die haben alles so schlimm gemacht bei uns.« – auf Chagalls Bild sieht es aus, als ob Mose mit einer Schleuderstange einen großen schwarzen Vorhang über Ägypten zieht – vielleicht hat der Pharao das gedacht, wie Hitler.
Da haben bestimmt alle Angst – ich sehe Aaron, der ist ganz klein rechts unten in der Ecke – er sackt richtig aus dem Bild heraus – da kann man sehen, was der für Angst hat – aber Mose ist ganz groß – aber erschrocken wirkt er auch – aber tapfer, daß er das aushält. –
Da ist noch der Gottesname [3] – der glitzert richtig hell – und ein Bote zeigt auf den Gottesnamen – wie Chagall den Boten gemalt hat, so energisch – der ruft dem Mose zu: »Hab keine Angst, Gott ist bei dir, auch mitten in dieser schrecklichen Dunkelheit, sag Aaron und allen, sie sollen das aushalten, es geht vorüber!«
Zwar war auch der Pharao, als das Unglück vorüber war, sich nicht im klaren, ob dieses Geschehen etwas mit seiner Entscheidung zu tun hatte, die israelitischen Sklaven nicht freizugeben, damit sie das neue Leben mit Gott führen könnten. Aber schließlich meinte er, das alles sei nur »natürlich« gewesen. Er ließ Mose vor sich rufen, sagte ihm, die Freilassung komme nicht in Frage, ja, es gehe den Israeliten offensichtlich recht gut, daß sie sich Gedanken über Freiheit machen könnten. Darum sollte ihre Arbeitszeit und -last noch vergrößert werden. »Und komme du nie wieder vor mich, denn trittst du noch einmal vor mich, sollst du sterben.« [4] So stellte einer unserer Väter das Ende dieser Geschichte dar.

יהיה

BILD 13 Das Passahfest trotz Tod, Angst und Gottesfinsternis

Menschen sitzen in einem engen Häuschen – dicht gedrängt um einen weiß gedeckten Tisch – in der Mitte eine Platte mit einem Tier (dem Passahlamm) – aber diese Menschen sind unruhig – einer schaut zum Fenster hinaus – einer scheint zu lauschen, – einer will das Lamm zerteilen, – einer zeigt nach oben, einer schägt sich wie fröstelnd den Mantelkragen hoch, einer sitzt wie tief versunken da, – der betet vielleicht, – einer sieht aus, als wäre er nicht normal. – Was beunruhigt die Menschen so?

Draußen ist pechschwarze Nacht, – schlimmer als auf dem vorhergehenden Bild, – ein Bote mit gezogenem Schwert fliegt über das Dach dieses Hauses hinweg – ein Todesbote? – Aber dahinter und daneben stürzen Menschen – Kinder – oder die liegen bereits tot im Land.

Wir wissen nicht, was es gewesen ist, eine Kindersterblichkeit, eine furchtbare Seuche oder Kinderkrankheiten, wir wissen nur, daß das Entsetzen ungeheuer gewesen sein muß: Nacht für Nacht tote Kinder, – soll denn Ägypten, soll denn die Welt aussterben?

In so furchtbaren Augenblicken, wie in den Zeiten der Pest oder der Bombenkriege, der Atombombenkatastrophe, wo kein Mensch mehr an einen neuen Anfang denken kann, verlieren viele Menschen das Wort Gott, wie man eben etwas verliert und dann nicht mehr wiederfinden kann. »So etwas kann Gott nicht zulassen«, sagen wir dann, wenn schreckliche Folgen unserer von Haß, Neid, Ehrgeiz gesteuerten Handlungen sich einstellen. »Warum müssen Kinder in Kriegen umkommen, die doch keine Verbrechen begangen haben?« Nein, »warum läßt *Gott* Kinder in den Kriegen umkommen?«, sagen wir dann. Und auch Chagall ist der Meinung, daß es so furchtbar in der Welt sein kann, daß wir allenfalls von dem Todesboten Gottes sprechen können, der über ein Land kommt, daß aber Gottes guter Name »Ich bin bei euch, ich warte darauf, wie ihr die Freundschaft zu mir bewährt« nicht mehr zu erkennen ist, vielleicht sogar nicht mehr gilt?
Aber ein solcher Satz entsteht nur aus menschlicher Verzweiflung. Chagall hat es an der Geschichte seines Volkes gelernt – und vielleicht ist dieses Blatt das, das die Tiefe der Erfahrung Israels am stärksten aussagt: Es ist keine Nacht und kein Grauen denkbar, bei dem ER nicht bei uns wäre, wenn wir es auch nur erst langsam verstehen und entziffern. Und nun erkennt man, etwas oberhalb vom Kopf des Todesboten im Schwarz der Nacht, eine kleine Stelle leicht aufgehellt, und in dem Grau-Schwarz mit schwarzen Buchstaben: Sein Name: JHWH (Ich bin bei euch) – zwar verdunkelt, von euch kaum zu erkennen, aber ich lasse euch, auch in den größten Schrecken, nicht allein.

Vielleicht könnte man das einmal so sagen: Gott ›weiß‹, daß einmal die Menschen freundlich miteinander umgehen werden. Er hat die Menschen geschaffen und weiß, daß es ihnen grundsätzlich möglich ist. Und nun leidet Gott mit den Menschen mit, daß sie sich immer wieder ihrem Haß und ihrer Zerstörungswut überlassen, daß sie damit andere Menschen solange reizen, bis auch in denen Aggressionen die Oberhand gewinnen über Geduld, Verstehen, Brüderlichkeit.
Wenn ihr gefragt würdet – wozu würdet ihr Gott raten?

Bild 14 Mose fordert auf, dem Befreier-Gott zu folgen

Dieses Bild besteht aus vielen Kacheln. Es füllt die Rückwand eines Taufraumes einer kleinen Wallfahrtskirche in Plateau d'Assy, gegenüber dem Mont-Blanc-Berg.
Mose steht groß und leuchtend da – unter oder neben ihm stürzen Menschen – das sind Soldaten mit Speeren – da sind auch Kriegswagenräder und Pferde – das sind Kriegspferde – die verknäulen sich mit Soldaten – das ist alles so goldgelb gemalt – wie heller Lichtglanz – dann Wolken – davor ein langer Zug von Menschen, über denen ein Bote schwebt – zeigt er ihnen die Richtung?
Ist das Blaue links Wasser, in dem eine Frau schwimmt? – das soll vielleicht heißen: viele Israeliten werden auch umgekommen sein? – Vielleicht hat das auch etwas mit der Taufe zu tun, mit dem Taufwasser.

An der Spitze des Zuges geht ein alter, ein gebeugter Mann mit einem Stab (ein Prophet, ein Rabbiner?) – der führt den Zug des Volkes in die Helle – das ist wieder ein anderes Licht – vielleicht ist das das Licht der kommenden Gottesherrschaft auf der Erde? – Das wäre dann die Zeit des Messias, der aus dem Stamm des Königs David kommen soll – ist der Mann mit der Harfe in dem linken Einschluß nicht David? –

Etwas von diesem Licht zeigt sich an einigen Stellen auch auf dem Zug Israels und auf dem Einschluß (rechts) mit dem Gekreuzigten und seiner Gemeinde.

Das kann man verstehen wie eine Aussage: Wir beide, Juden und Christen, dienen demselben Gott.
Warum liegen die untergehenden Ägypter in diesem Goldglanz? – An einer Stelle der Bibel [1] läßt Gott den Mose sagen: Ich werde den Pharao nun, nachdem er euch wieder verfolgt hat, meine Lichtglanzherrlichkeit sehen lassen. Geblendet davon, verbrannt davon, kommen die Ägypter um, wie der Mensch sterben muß, der Gott direkt sieht – mit Ausnahme des einen, Mose. So sieht Israel Mose, der in einzigartiger Hingabe an Gott, gegen das Murren, das immer wiederkehrende Murren des Volkes (ja, gegen die Drohung seines Volkes, ihn zu erschlagen und dann nach Ägypten zurückzukehren) dem mitgehenden Herren die Treue gehalten, dieses Volk ›getragen‹ und es davor bewahrt hat, sich wieder in die Sklaverei zu begeben – da hat Gott wirklich geholfen, daß es mit den Menschen besser wurde.
Aber warum steht Mose auf der Seite der Ägypter, warum zieht er nicht mit Israel? – Vielleicht will Chagall sagen:
Mose bleibt stehen am Roten Meer wie ein guter Wächter. Denn immer wieder in den Jahrhunderten kam Israel an ›Rote Meere‹, und ohne Mose hätte Israel vielleicht längst aufgegeben: Völker mit wunderbarer Kultur und großer Macht verfolgten es plötzlich, wollten, daß Israel so werden sollte wie sie, sich ihnen anpassen sollte.

Immer war große Angst im Volk! Die einen sagten: Laßt uns so werden wie die Völker, warum wollen wir etwas anderes sein? – Andere sagten: Sie werden uns doch alle umbringen, es gibt keine Rettung mehr. Aber immer, wenn sie so vor einem neuen ›Roten Meer‹ standen, konnten einige auf Mose zeigen:
An Mose konnten sie lernen: unsere Aufgabe ist, Ihm die Freundschaftstreue zu halten. Alles, was geschieht, was wir kennenlernen und erleben, sollen wir uns von dem Namen unseres Gottes her deutlich machen. Er ist bei uns an jedem Ort der Welt. Nicht nur in Glück und Ruhe, auch in Elend, Angst, Sterben kann durch die Freunde Gottes etwas sichtbar werden von der neuen Qualität des Menschen:
Dankbarkeit und Freude über die Befreiung durch Gott und brüderlich-erbarmende Zuwendung zum Nächsten.

Das ist wie Ben neulich bei der Anti-Atom-Diskussion sagte: Auch wenn wir uns nicht durchsetzen, wenn also eine furchtbare Katastrophe durch uns Menschen ausgelöst werden sollte, – wir werden auch durch dieses Rote Meer gehen. Und die von uns, die verwundet oder lebendig herauskommen, werden als erstes die Kerze anzünden, uns an den Namen Gottes erinnern, und dann werden wir an die Arbeit gehen, helfen und verbinden.

Bild 15 Gott sagt: Ich habe euch befreit, werdet nicht wieder Knechte!

Das ist Mose – er steht ganz allein an der Steilwand des Sinai – hier hat Chagall Gott ja doch dargestellt – seine Hände und Arme, die aus einer Wolke heraus Mose die Gesetzestafeln geben – (Ganz sicher werden wir überlegen müssen, was Chagall damit meint.) – Moses Kopf, wie eine Gesetzestafel.
Der Berg ist so steil, daß ich gar nicht verstehe, wie Mose dort stehen kann – und daß er dann noch die Tafeln tragen soll – die waren doch aus Stein, nicht? –
Ja, so steht das in der Schrift, es steht sogar noch deutlicher da: Tafeln aus Stein, in die Gott selbst die Gebote, die Wegweisungen für sein Volk und alles menschliche Zusammenleben eingegraben oder eingemeißelt hatte, und die gab Gott dem Mose.

Dann gäbe es ja etwas auf der Erde, was direkt von Gott zu uns gekommen ist – nicht ein Wort, nicht ein Name, nicht der Lichtschein, sondern richtige Gegenstände!

Das ist vielleicht der Grund, warum unsere Väter das so geschrieben haben: Wahrscheinlich hätten wir Menschen gar nicht miteinander leben können, wahrscheinlich wäre es immer so gewesen, daß diejenigen, die größere Kräfte (Körper, Geld, Geist) haben, alle anderen zu ihren Sklaven gemacht oder sie beraubt und erschlagen hätten. Ohne die Wegweisungen, die Gott seinem Volk gegeben hat, wäre unser menschliches Leben die Hölle auf der Erde, das meinten unsere Väter. Und sie kannten ja die Völker rings um sie her: gewiß, auch dort gab es Gesetze, aber die schützten fast immer nur oder vor allem die Starken und Reichen. Die Armen und Schwachen mußten immer in Angst leben, verkauft zu werden, von bestechlichen Richtern in Abhängigkeit gebracht zu werden, ihre arbeitsfähigen Söhne (und Töchter) für den Eroberungskrieg eines Königs hingeben zu müssen, oder aber einen Fehler, den sie begangen hatten, oder auch ein schuldhaftes Vergehen von den Stärkeren ›*doppelt und dreifach*‹ heimgezahlt zu bekommen.

So machten sich die Menschen nicht nur damals das Leben zur Hölle, sondern genau so handelten z.B. auch Hitler und seine mächtigen Minister und Kameraden; und ähnlich ist es auch heute in vielen Ländern auf der Erde.

Hier aber wird die neue Ordnung für das Leben zwischen Menschen gesetzt: ›*Auge um Auge, Zahn um Zahn*‹ (das hört sich zunächst einmal schrecklich blutig an, und deshalb verstehen das die meisten Leute leider falsch, aber) – das heißt: Hat einer dir im Streit ein Auge ausgeschlagen oder einen Zahn (was bitter ist, aber immer wieder bei menschlichem Streit vorkommt), hüte dich, daß du ihn nicht etwa in blinder Wut totschlägst! Das Wort: ›Das bekommst du doppelt und dreifach zurück‹, darf es unter euch nicht mehr geben! Hüte dich! Natürlich muß er dir Ersatz leisten, natürlich muß er bestraft werden, aber nur im Maß seiner Schuld!
Die neue Gerechtigkeitsordnung heißt: ›Nur ein Auge für ein Auge – nur ein Zahn für einen Zahn‹.

Damit könnte die ›Steinzeit-Ethik‹ mit Sippenhaft und Blutrache aufhören, wo das ›Mörderblut‹ der ganzen fremden Familie oder Sippe in der Fehde vertilgt werden mußte, wie im Lamechlied (1. Mose/Gen. 4,27f.), in der Orestie oder im Nibelungenlied.
Jetzt galt nicht mehr ›Mein Vorteil oder meine Macht gehen über das Recht‹, sondern jetzt wird die neue Gerechtigkeitsordnung angeboten (die von der ›Stammesgeschichte im Menschen‹ immer wieder bedroht wird). Dieser Gott vom Sinai sagt:

Denkt daran, ich selbst habe euch die neue Gerechtigkeitsordnung gegeben – handelt nach meinen Weisungen, und das Leben wird erträglich werden, frei von blinder Wut, ewigem Haß und totalem Untergang.

Ihr alle seid gleich vor mir: weder gilt Stärke noch Macht noch Reichtum; jedes Wesen, das Menschenangesicht trägt, soll geschützt werden vor der Wut des anderen. Euren Ministern, Offizieren und Richtern gelten diese Gebote wie jedem Blinden oder jedem Waisenkind.

Weil Gott mit dieser seiner Weisung das neue Leben zwischen den Menschen für alle ermöglicht hat, die ihn lieben und seine Gebote halten, deshalb, so könnte man vermuten, malt Chagall hier einmal Gottes Hände –
es ist ein Liebesbild: von IHM, dem Herrn der Welt direkt, haben wir die guten Wegweisungen [1], ohne die wir im Leben auf dieser Erde die Hölle hätten.
Jeder sollte diese Gebote kennen [2].
Sie sagen zusammengefaßt:
»ICH habe euch befreit, werdet nicht wieder Knechte!«

Im ersten Teil (I–IV) sagen sie jedem Einzelnen:
Bewähre die Freiheit für dich selbst:

I Ich bin JHWH (der für dich da ist), der ich dich aus Knechtschaft befreit habe, das weißt du. Hüte dich davor, irgend etwas anderes zu verabsolutieren, es für das Vollkommenste und Höchste zu halten!

II Leg mich nicht fest auf ein Bild, das du dir von mir machst! Hüte dich vor Wunschprojektionen!

III Benutze meinen Namen nicht bei frevelhaften Handlungen, bewahre ihn für das Gespräch vor mir! (– und was wäre nicht Gespräch vor Ihm?)

IV Laß Freiheit jede Woche einmal sichtbar werden – an den Menschen deiner Familie und deiner Gruppe. Halte den Sabbat! Hüte dich vor dem Leistungssog!

Sie sagen im zweiten Teil (V–X):
Bewähre diese Freiheit auch gegenüber dem Nächsten: Leg ihn nicht fest auf dein Bild von ihm! Bring ihn nicht in Abhängigkeit oder unter Versklavung deiner Bedürfnisse! Es gibt vieles, was Macht über uns gewinnen kann, es gibt ›Mächte‹, die uns verknechten können:

V die Selbstüberschätzung vor den Älteren;

VI die Lust, den anderen Menschen, der mir nicht paßt, zu beseitigen;

VII oder den mir zu nehmen, der mir gerade paßt;

VIII oder Menschen und Sachen zu stehlen;

IX die Angst vor mächtigen Menschen, die mich sogar zu einer falschen Zeugenaussage zwingt – dem (vielleicht unschuldigen) Angeklagten zum Verderben;

X den schrecklichen Zwang oder Druck, der mich immer nach dem blicken läßt, was der andere hat, und der meine Gedanken reizt, Wege zu suchen, wie ich es an mich bringen kann.

לא תרצח
לא תנאף
לא תגנב
לא יהיה
תשא
כבד את

Bild 16 Rauschhafte Verkümmerung und Ansätze des neuen Lebens

Ein riesiger grüner Mose fährt wie ein Blitz in eine Menschenmenge und spaltet sie in zwei Teile – nein, er ist herabgestiegen vom Sinai, hat die Tafeln mit Gottes Ordnungen für das Leben der Menschen auf die Erde geworfen und wirft nun die Arme empor wie in einem Schrei der Verzweiflung – oder in Resignation: sein Auge ist geschlossen, er hat aufgegeben, er will nicht mehr sehen oder weiterleben – aber dann würde er sich eher zusammenkauern; seine Arme gehen nach oben über den Bildrand hinaus zu Gott, wie ein Schrei: »Ich weiß nicht mehr weiter! Was soll werden, Du?«

Mose ist fast die Diagonale im Bild, ganz rechts oben gibt Gott ihm die Tafeln vom Himmel, ganz links unten liegen die Tafeln weggeworfen an der Erde.

Die rechte Bildhälfte zeigt, wie die Tafeln mit dem Goldglanz Gottes dem Mose gereicht werden. Aber die Mengen von Menschen beachten das nicht, sie toben in einem Reigen wild durcheinander.
Nach dem biblischen Bericht ist Mose schon vierzig Tage fort. Die Menschen hatten Angst bekommen. Sie waren aus ihrer Sklavenzeit in Ägypten gewöhnt, daß einer ihnen Befehle erteilte, daß einer sie dirigierte, ihre Kräfte und Antriebsenergien auf irgendein Ziel richtete. Jetzt waren sie in einer großen Freiheit sich selbst überlassen. Was sollten sie anfangen?
»Mose hatte von Gott gesprochen. Aber wir sehen nichts von Gott. Wir fühlen nichts von Gott. Wir sind allein. Wir sind verloren in der Wüste.
In Ägypten, da sahen wir die Götter, wir kannten ihre Namen und konnten sie anfassen: Den Falken-Gott mit seinen scharfen Augen, der noch aus großer Höhe das Mäuschen auf dem Felde sieht, der keinen Menschen übersieht; den Schakal-Gott, der die guten Ohren hat, so daß er noch in der Dunkelheit jede ferne leise Bewegung hört, der auch uns hört; den Stier-Gott, der ganze Herden erzeugt, von dem das Leben kommt, der in seinem schrecklichen Toben alle Feinde niederrennt. Einen solchen Gott wollen wir haben!«

Sie machen ihn aus Holz und vergolden ihn, so daß er den Goldglanz der Tafeln nachäfft, wie jeder Ab-Gott, und jeden fasziniert und in seinen Bann zieht, der ihn anblickt. »Wir wollen ihn sehen und berühren, dann haben wir keine Angst mehr; wir wollen uns anfassen, vor ihm Rauschtrank nehmen, dann spüren wir unsere Kraft stärker; wir wollen toben und schreien, dann hören wir, daß die Welt voll ist von uns; wir wollen uns aneinander verlieren, dann empfinden wir die Einsamkeit nicht!«
Nur einige, eine Frau und, ganz rechts in der unteren Bildecke, ein Mann scheinen ›umzukehren‹, sich nach der anderen Seite zu wenden [1].

Dort, in der linken Bildhälfte, in der Tiefe, zu den Füßen Moses und hingewandt zum Lichtglanz, der von den Tafeln kommt, leben Menschen, deren unterschiedliche Gebärden erkennen lassen, wie menschliches Leben in Klage oder Freude, in mütterlichem Erbarmen, in Offenheit des Gebets, in getrösteter Versunkenheit und in liebender Umarmung [2] teilhat an der Gegenwart Gottes mitten in unserer Welt, in der er überall da wohnt, wo man ihn einläßt [3].
Und fast möchte man dem Mose, durch dessen trichterförmig aufgeworfene Arme die Botschaft Gottes auf diese Erde zu kommen scheint, zurufen: Halt deine Augen nicht länger geschlossen! Schau, bei einigen beginnt die von dir ausgestreute Saat der Gottesherrschaft bereits Frucht zu tragen, menschliches Leben zu verwandeln!

Vielleicht ist es Chagall selbst, der sich – wie auf einem anderen Bild, wo die große rote Torarolle sogar seinen Namen trägt – an den linken Bildrand gestellt hat, nach Art der Stifterfiguren alter Meister. Aus diesem Bildraum heraus, in dem sich der Schalom, der Friede Gottes, an Menschen zu realisieren beginnt, könnte Chagall bezeugen:

Auch wenn schreckliche Feuergluten von Krieg oder Revolution – wie der violett-rote Glutball im oberen Bildhintergrund – einen solchen Raum der Freunde Gottes (vielleicht Chagalls Witebsk) überrollen sollten, werden die Freunde Gottes die Liebe zu ihrem Herrn nicht verlieren. Und eben damit werden sie ein Zeichen geben dafür, daß die Freude vor Gott den Menschen auch in den grauenhaften Katastrophen die Geborgenheit unter dem Baldachin, ›den Schirmen‹ Gottes erfahren lassen kann.
»Überraschend erscheint die Tatsache, daß die Chassidim (die Freunde Gottes) im Schatten des Stacheldrahtes und angesichts ihrer Henker sich selbst treu blieben. Sie feierten das Leben und die Heiligung auch in den Ghettos. In den versperrten Waggons, die sie nach Birkenau brachten, tanzten sie am Abend des Simchat-Thora-Festes (Thora-Freuden-Fest). Ich erinnere mich an einige in Block 57 in Auschwitz, die sich größte Mühe gaben, mich singen zu lehren.«[4]
Dieser Bericht könnte ein Hinweis darauf sein, daß es etwas ganz anderes ist als christliche Folklore, wenn es in Johann Francks Lied heißt: »Trotz dem alten Drachen, Trotz dem Todesrachen, Trotz der Furcht dazu! Tobe Welt und springe, ich steh hier und singe in gar sichrer Ruh! Gottes Macht hält mich in acht; Erd und Abgrund muß verstummen, ob sie noch so brummen.«[5]

BILD 17 Gott nimmt Mose zu sich

Mose liegt auf einem Berg – es ist klare Sicht – wie Sonnenstrahlen nach einem Regentag – Schläft Mose? – nein, zwar hat er seinen Wanderstab fortgelegt, aber er hebt doch seinen Kopf – mit der Hand winkt er Gott zu – oder winkt er einem Boten zu? – Hier ist es kaum zu unterscheiden – vielleicht riskiert Chagall es hier, Gott einmal direkt anzudeuten? – das glaube ich nicht, jedenfalls kann man auch einen großen Boten in der Gestalt erblicken – aber ich finde, da ist eine solche breite Lichtbahn zwischen dem Himmel und Mose. – Diese Lichtbahn gäbe Mose also den Blick auf Gott endgültig frei?
Die Erzähler, die den Tod des Mose in der Bibel aufgezeichnet haben, schrieben, Gott ließ Mose auf den hohen Neboberg steigen und ihn von dort aus das ganze Land Israel sehen. Dann begrub ER ihn dort, und niemand hat sein Grab gefunden bis auf den heutigen Tag.
Spätere Lehrer sprachen davon, daß Mose, der Freund Gottes, ›unter dem Kuß Gottes gestorben sei‹[1].
Alle gingen davon aus, daß Mose nicht durch den Tod, sondern direkt in den Lichtglanz Gottes eingegangen ist, daß er deshalb von Gott auch wieder auf die Erde geschickt werden kann – wie der andere, den Gott im feurigen Glanz direkt zu sich genommen hat, nach den Erzählungen der Schrift: Elia[2].

Es gibt doch auch eine Geschichte von Jesus, wo auf einem Berg in Israel plötzlich Mose und Elia neben Jesus stehen und wo sie ihn mit seinen Jüngern besuchen[3].

Bild 18 Simson, der Unschlagbare, oder: Er war der Größte!

Ein Mann wirbelt einen Löwen durch die Luft – und er trägt einen Schrank fort – Nein, das ist ein riesiges Stadt- oder Burgtor.
Dieser Mann ist Simson!
Von diesem haben unsere Väter sich Geschichten erzählt, daß jeder sich den Bauch halten muß vor Lachen über diesen gewaltigen Recken der frühen Zeit. Ihr kennt das: wer schwach ist, der wünscht sich stark zu sein, und er träumt und erzählt von Riesen mit übermenschlichen Kräften, und manchmal gibt solch ein Traum dem Menschen auch wirklich Kraft. Jeder Mensch träumt manchmal davon, jedes Volk hat solche Träume gehabt:
Der Traum von Siegfried, der den Drachen töten konnte, in seinem Blut badete und dadurch unverwundbar war bis auf die eine Stelle, wo ein Lindenblatt an seiner Haut geklebt hatte, ist euch bekannt.

Wenn die Menschen in Israel zu Zeiten, wo Israel schwach und von Feinden bedrängt war, Sorgen hatten, wie die mutlosen, bequemen Jugendlichen sich wohl bewähren sollten, wenn sie von Feinden angegriffen würden, dann blickten sie auf Anfänge ihres Volkes zurück, wo es noch gefährlicher und schlechter gestanden hatte. Dann fragten sie: Wie haben wir nur so zahlreichen, starken, neidvollen, habgierigen Fremden entkommen können? Manche unserer Väter wußten, es hatte an Gottes Führung gelegen, aber einige von den Vätern erzählten Geschichten von einem gewaltigen Helden Simson.

So erzählten sie zum Beispiel:
Eines Tages ging Simson hinab ins Land der starken Philister-Feinde. Plötzlich rannte ein Löwe auf ihn zu. Gottes Geist kam über Simson.

So wirbelte er den Löwen durch die Luft, packte ihn oben und unten am Maul, riß ihn der Länge nach auseinander und warf ihn in die Büsche! Und vielleicht schloß die Geschichte: »Solche Leute hatten wir einmal, aber ihr, wenn man euch ansieht ...!«

Oder sie erzählten, wie Simson eines Tages in der Philisterstadt Gaza war und nicht mehr hinauskommen konnte, bevor die Stadttore geschlossen wurden. Nun glaubten die Philister diesen gefährlichen israelitischen Helden endlich in der Falle. Es wurde dunkel, und wieder kam Gottes Geist über ihn: er hob die schweren Stadttore aus den Angeln, schleppte sie dreihundert Meter entfernt auf einen Berg vor der Stadt und lachte, daß die Philister aufwachten und erschreckt und verwirrt waren.
»So waren unsere Leute früher, aber ihr, was seid ihr für Schlappsäcke!«

Bild 19 Gewalt gegen die Verführer Deines Volkes, Gott!

Ein hinaufflackerndes Feuer – höher und weiter als der hochemporgereckte Mann – ist es wieder ein Opfer, mit vielen geschlachteten Tieren, das zu Gott hinaufflammen soll? – an der Erde rechts liegen oder knien Menschen – sie blicken auf den großen Mann.

Dieser Mann ist Elia.

Elia ist zu einer Zeit in Israel tätig gewesen, in der es beinahe so weit gekommen wäre, daß das Volk alles aufgegeben hätte: die Erinnerung an die Befreiung, die Freude über den Auftrag, Freiheit zu erhalten, und die Hoffnung, daß eines Tages alle Völker teilhaben werden an Gerechtigkeit und Freiheit. Eine fremde Königin herrschte in Israel. Sie hatte ihre Götterbilder, ihr heimatliches Königsrecht und ihre Träume von Macht mitgebracht. Sie wollte durch ihre Diener und Priester die Menschen in Israel zu ihren Plänen, die auf das Böse für andere Menschen aus waren, verführen.

Da nun zu ihrer Lebenszeit Israel große wirtschaftliche Erfolge hatte, verbreitete sich die Meinung: Gott hat uns zwar in der Wüstenzeit geholfen, aber jetzt ist es nützlicher, wir halten uns an ein neues Recht und an die Göttervorstellungen der Königin. Diejenigen, die Gott die Treue halten wollten, wurden verfolgt; wer nach dem Recht, das Gott am Sinai zur guten Lebensordnung gesetzt hatte, handeln wollte, wurde durch falsche Zeugen und bestechliche Richter beseitigt.

Da gelang es Elia noch einmal, eine Gruppe von Israeliten zu finden, die an der guten Lebensordnung Gottes festhalten wollten. Und da war Elia der Meinung, gegen die Diener der Königin Isebel, die in ganz Israel Betrug, Bestechung, Mord und Raub eingeführt hatten, und den Leuten das als neues Recht aufschwätzten, was wirtschaftliche Erfolge brachte, – gegen Leute, die auf solche heimtückische Weise das Recht des Ewigen zerstören und Israels Auftrag auslöschen wollten: gegen diese Menschen müsse die Todesstrafe verhängt werden. Und deshalb ließ er eine große Gruppe von ihnen umbringen.

Das finde ich richtig! – ich aber nicht, jetzt macht Elia es ja genau so wie vorher die Königin, daß er die tötet, die ihm nicht passen – es geht ja nicht um ihn persönlich – das sagt dann immer jeder – und wenn die andern in ganz Israel so viel Terror anrichten und alle Menschen, die ihnen nicht passen, töten lassen oder einschüchtern? –

Elia war der Meinung, in dieser Lage, ehe Israel untergeht, ehe der hilfreiche Anfang Gottes, unter uns Menschen gerechtes und friedliches Leben zu ermöglichen, durch Gewalt aufgehoben wird, hilft nur Gewalt.

Elia war der Meinung, er sei der letzte, der dem mitgehenden Herren die Treue hielt. Und als er, von Isebel verfolgt, in die Wüste floh, hielt er alles für verloren; aber Gott läßt ihm deutlich werden, daß es einen Rest von Treuen in Israel verstreut gibt, mit dem die Geschichte des Gottesvolkes weitergehen wird.
Elia ist der einzige Prophet, der die Lösung in der Gewalt, in der Tötung der Betrüger, Mörder und Volksverhetzer sah. Alle anderen Propheten haben es anders gemacht; sie haben gemeint: Wir brauchen keine Gewalt anzuwenden, die Erinnerung an Gottes Taten und seinen Willen wird immer wieder Menschen entzünden – so wird ein Rest Israels in allen Zeiten erhalten bleiben.
Aber warum sollen die wenigen immer unter der Gemeinheit der anderen leiden? – ich finde, Elia hat das richtig gemacht: sie müssen zurückschlagen. –

Dennoch müssen wir sagen, daß es vielleicht nie wieder so schlimm um Israel gestanden hat wie zur Zeit Elias. In der Zeit ist übrigens auch die Geschichte von der Fesselung Isaaks geschrieben worden (Bild 5).
Vielleicht gibt es Zeiten, in denen ›falsche Propheten‹, gestützt durch wirtschaftliche Erfolge,

die Menschen so zu Lüge, Verbrechen und Haß verführen, daß es verständlich ist, wenn gegen solche Menschen Gewalt angewendet wird. –

so war es doch auch gegen Hitler nötig. – Ja, seit der Zeit haben auch wir für Elia mehr Verständnis; aber eben: Elia ist die Ausnahme!

Das sind sehr schwierige Fragen, die Propheten und Prophetinnen jahrhundertelang bewegt haben. Erst dreihundert Jahre nach Elia hat einer, Deutero-Jesaja, darauf eine Antwort gefunden: daß das Leiden der Gerechten einen Sinn haben könnte, der das ganze Leben der Menschheit verändern wird.

Bild 20 Einmal werden alle Menschen statt Krieg die Freundschaft Gottes wählen

Das Bild ist in großen Flächen gegliedert: – ein Mann auf einem Berg, ein Bote mit der Torā – viele Menschen vor einer Stadt.

Der Mann sitzt – er hat einen mächtigen Leib, wie eine Mutter, die ein Kind erwartet oder es gebären will – nein, das ist sein Knie, das umfaßt er so mit seinen Händen, weil er sich nirgends anlehnen kann – sein Gesicht ist so besonders, sieht er etwas oder hört er etwas? – er sieht eigentlich nichts genau an – er blickt in sich hinein – ja, aber trotzdem auch ganz weit weg, in die Ferne. – Es ist der Prophet Jesaja.

Alles andere auf dem Bild ist matter gezeichnet – eine Stadt – die zieht sich einen Berg hinauf – da ist eine Mauer ringsherum – Kuppeln, ein hoher Turm, ein paar Bäume – Es ist Jerusalem – von dieser Stadt strahlt Glanz aus wie von einer aufgehenden Sonne.
Hoch über der Stadt schwebt ein Bote Gottes – der sieht aber anders aus als Chagalls Boten sonst: – als wäre es ein besonders würdiger, ernster – fast wie Gott – er hält die Torā – er liest sie vielleicht vor?

Aber was sind das für viele Menschen? – ist Krieg? – oder ein Fest? – nein, viele heben ihre Hände nach oben – die wollen Gott vielleicht danken für die Torā, die er ihnen vorliest – vielleicht wollen die näher zu ihm, um genau zu hören.

Wirklich hat Chagall hier dargestellt, was Jesaja einmal irgendwie vor sich gesehen hat – als hätte Gott einen Vorhang vor der Zukunft weggezogen: Jesaja sieht: Die Menschen aus allen Völkern der Welt strömen nach Jerusalem. Sie zerstören ihre Waffen und verzichten auf ihre bisherigen Kriegshandlungen. Sie sagen: Wir wollen Recht und Weisung des Gottes Israels für unser Leben und unsere Wege lernen.
Es ist die Hoffnung auf eine Zeit, in der das Recht gelten und Frieden bleiben wird[1].

Bild 21 Jeremia im Gespräch mit Gott trotz Fesseln, Dunkelheit und Haß

Der Mann ist gefesselt – kniet er am Eingang einer Felsspalte? – er hat tiefe Furchen auf der Stirn – sein Kopf ist auf seine Brust gesunken, – seine Augen sind geschlossen – ist er verzweifelt, oder wartet er auf etwas? –

Von oben rechts schwebt ein Bote auf ihn zu – also ist das Schwarze kein Fels? – ein Krug steht hinter ihm auf der Erde – ist er in einem Verlies?

Es ist der Prophet Jeremia, der dem König von Jerusalem riet, keine Verschwörung gegen den König von Babylon zu machen, endlich auf Kriege und Siegeshoffnungen zu verzichten und die Rechtsweisungen Gottes im Volke Israel und der Stadt Jerusalem zur Geltung zu bringen. Aber der König wollte das nicht hören und ließ Jeremia fesseln und in eine Zisterne, einen Brunnenschacht, werfen, wo er langsam in den Schlamm auf dem Grund einsank. Stockfinster war es darin.

Warum malt Chagall das Licht hinein? – Vielleicht geht es jetzt mit Jeremia zu Ende, aber das Licht Gottes und der Bote zeigen:
»Überall, wo ihr seid, gehe Ich mit euch, Ich, dessen Herrlichkeit um alle Welt herum liegt, aus der die Schöpfung entstanden ist. Ich bin bei euch, wo ihr leidet, wo euch Unrecht geschieht, wo ihr gequält werdet oder sterbt. Ob ihr durch das Schilfmeer oder durch den Durst der Wüste geht, ob Jerusalem zerstört und Israel als Staat ausgelöscht wird – Ich bin bei euch. Wer sich festmacht an mir, der wird helfen, Licht in der Welt zu verbreiten, mag es noch so finster sein. Und eines Tages werden alle Menschen nach diesem Licht fragen.«

Bild 22 Jerusalem brennt, der König stirbt

Ein Bote, der über einer Stadt schwebt – steckt er sie in Brand? – zerstört er sie?
Verdecken wir den Boten einmal mit der Hand! Eine Stadt brennt – die Leute der Stadt gehen in langem Zug (langsam) hinaus und fort – aber wenn eine Stadt brennt, geht man doch nicht ruhig fort – man versucht eilig zu löschen, zu retten – vielleicht dürfen die Leute nicht retten – vielleicht ist Krieg – die Feinde haben die Stadt erobert – sie holen die Schätze aus den Häusern heraus – die Feinde stecken die Stadt in Brand – sie treiben die Leute in die Gefangenschaft – Schwache fallen um und bleiben tot liegen oder werden totgeschlagen – da laufen Tiere umher – wo sind eigentlich die Reiter? – vorn geht der König (mit seinen beiden Söhnen) – der König und die anderen gucken vor sich hin auf den Weg – sie sind verzweifelt – ein großer Mann zeigt mit den Händen nach oben, zum Boten – auch einige andere im Flüchtlingszug tun das, – vielleicht rufen die sich gegenseitig zu: »Blickt nach oben!«

Wie könnte man eine Stadt mit solchen Mauern und Türmen erobern? – die hatten damals Leitern, Sturmböcke, Widder, Schießtürme, Kampfwagen, Massen von Soldaten usw. – wo aber sind diese Geräte und die Soldaten? Chagall hat sie nicht gemalt. Chagall hat dafür den Todes-, den Unheilsboten über die Stadt gesetzt. Und das ist sehr wichtig. Chagall hat das bei unseren Vätern [1] gelernt: Wenn wir nicht alles, was in unserem Leben vorkommt an Wichtigem, Aufregendem, an schweren Schicksalsschlägen, wenn wir nicht Not und Freude, Hunger und Gesundheit, Frieden und Autounfall, gute Lehrer und kranke Nachbarn, Katastrophen in der Dritten Welt, wenn wir nicht alles uns als gute Gabe oder als notwendige Aufgabe von Gott her deutlich machen, dann werden wir selbstsüchtig, unzufrieden, gleichgültig, verzweifelt. So war es auch damals: die Leute sahen nur auf die starken Babylonier, ihren König Nebukadnezar und seine glitzernden Götterbilder. Die Israeliten sagten: Nebukadnezar hat uns mit Hilfe seiner mächtigen Götter besiegt. Es hat keinen Zweck mehr, es ist das Ende Israels.
Nur einer, der Prophet Jeremia, hat damals gesagt, seid ihr denn ganz blind? Seht doch nach oben, auf IHN: ER hat seinen Todesengel geschickt. Nicht Nebukadnezar mit seinen Göttergestalten ist plötzlich Herr der Welt, sondern ER hat sie als seine Boten gegen Israel benutzt. ER wird weiterführen. Es wird etwas ganz Neues beginnen, aber nicht ohne IHN. Wenn ihr auf ihn blickt, werdet ihr Wunder erleben, wie eure Väter von Ägypten her. Überall, wohin euch die Babylonier führen werden, könnt ihr seinen Willen, seinen Auftrag tun [2].

Bild 23 Wer kann Gott wiedererkennen?

Ein Mann sitzt einsam in der Wüste – auf einem Berg – er ist gebeugt – in sich verkrümmt – neben sich ein weggelegtes Buch. – Es ist undeutlich, was der Mann macht (wir versuchen, seine Bewegung nachzuahmen) – der rechte Fuß stemmt sich auf.
Sein Gesicht ist halb verdeckt – kein Wort soll aus seinem Mund kommen – den Augen sieht man Entsetzen an – er starrt – er ist traurig – verzweifelt – er blickt in weite Fernen – er will sich vielleicht ganz in seinen Mantel verhüllen – will er mit seinem Ärmel auch noch die Augen bedecken? –: »Ich will nicht sehen – es darf nicht wahr sein – aber ich muß doch hinblicken –«: Es ist der Zweite Jesaja, Deuterojesaja, der den Untergang Jerusalems miterlebt hat.

Ein Bote kommt aus der Helligkeit – er ist fröhlich – er weist den Mann auf den Lichtglanz mit dem JHWH-Namen hin –.
Aber der JHWH-Name ist anders, er ist verkehrt – so von rechts nach links vertauscht הוהי (statt יהוה) wie in Spiegelschrift – vielleicht soll man ihn nicht lesen können, das ist wie ein Rätsel – außerdem: die Buchstaben sind nicht wie auf den andern Bildern voll ausgetuscht, sondern richtig leer – das soll vielleicht heißen, der JHWH-Name ist nicht mehr zu erkennen, er bedeutet vielleicht nichts mehr – vielleicht auch dem Propheten nicht.

Aber der Bote scheint nichts davon zu wissen – er ist fröhlich – er jubelt oder singt – er zeigt auf den Namen – Es ist, als ob der Prophet in der Wüste eine Stimme hört: »Er, euer Gott, ist da, bei euch!«
Muß der Prophet seine an das Herkömmliche gewöhnten Augen erst auf das Neue, was der Bote ihm sagt, einstellen?
Vielleicht meint Chagall damit:
Die Bedeutung des Gottesnamens hat sich nicht geändert, aber er kann unter anderer Form erscheinen – wie auch im Passahbild.
Mir fällt dazu ein: Jeremia hatte doch den Leuten gesagt: Ihr haltet den Tempel ja für wichtiger als Gott. Aber der Tempel kann zerstört werden. Und dann mußten sie in Babylon erst lernen, ohne Tempel in einer neuen Form zu Gott zu sprechen.
– Das ist wie mit dem Gebot, daß wir uns kein Bild von Gott machen sollen.

BILD 24 Der leidende Gottesknecht, das leidende Gottesvolk und die beginnende Gottesherrschaft

Da ist Jesus am Kreuz – er hat den Gold-Schein um den Kopf – aber er hat ein anderes Tuch als sonst – Es ist der Gebetsschal, den jeder Jude zur Sabbatfeier oder auch beim Passahfest umlegt – Jesus ist ja auch direkt nach der Passahfeier gefangengenommen worden – und dann haben die Römer ihn verurteilt, und die Soldaten haben ihn gefoltert und nachher haben sie ihn gekreuzigt – das ist solche Gemeinheit – obwohl Jesus nur Gutes getan hatte – auch an römischen Soldaten – sogar an einem Hauptmann – Jesus hat da am Kreuz auch mal gedacht: Gott gibt es vielleicht gar nicht, der hat mich wohl verlassen – aber nachher hat er, glaube ich, doch wieder daran gedacht, daß er in das Licht Gottes geht – wie Mose bei seinem Tod – darum hat Chagall vielleicht den Heiligenschein gemalt – nein, ich glaube, der soll heißen, daß Gott den Jesus ja aus dem Tod wieder auferweckt hat oder so, da konnten dann alle Jünger und alle Menschen wissen: Die Freundschaft zu Gott und zu Jesus lohnt sich – ach, ich weiß nicht, ob das mir was nützt; ich glaube solche Verbrecherregierungen oder Gangstergruppen, die behalten doch das letzte Wort – die meisten Menschen haben einfach Angst vor denen – ja, ich finde auch, von Jesus kann man ganz schön reden, aber keiner möchte so leiden wie er. So fest macht sich keiner an Gott – ich finde, die Frau mit ihren aufgerissenen Augen und dem schreienden Mund, die zeigt, wie furchtbar es ist, wenn Menschen von anderen Menschen gequält werden – vielleicht wollen die ihr Kind auch umbringen? – warum kämpft ihr Mann nicht für seine Familie? – er beugt sich nur über sie – er will vielleicht sagen: Gegen solche Gemeinheit kann niemand mehr Rettung bringen – das ist wie bei Panzern – ja, da haben die Menschen auch Steine geworfen, aber das konnte nichts mehr nützen – das ist wie bei Jesus, der hat dem Petrus auch gesagt, er soll ein Schwert weglegen – damit hätte er nur alles ch schlimmer gemacht – die römischen daten waren ja viel zu viele – und die hatten ungen.

Das Licht auf den Gesichtern kommt, glaube ich, von der Kerze – von dem Esel – von einer Kerze so viel Licht? – nein, und wieso soll ein Esel Licht bringen? – Chagall hat das doch selber gemalt! – der Esel ist ja ein friedliches Tier – ein störrisches – aber nur, wenn man mit ihm ›herummacht‹ – ja, man muß freundlich zu ihm sein und viel Zeit haben – ein Esel ist eigentlich nur zum Helfen da – er frißt auch kein anderes Tier auf – er tut überhaupt keinem Menschen was zuleide – Chagall hat sich manchmal selbst als Esel auf ein Bild gemalt: – er will in die Welt von Unglück und Gemeinheit ein bißchen Freundlichkeit und Farben bringen – und Wärme – darum die Kerze.

Aber ich glaube doch: das Licht auf den Gesichern und der Torā, das fällt von vorn auf das Bild, das kommt von Gott, und von hinten fällt es auf den Gekreuzigten (der Heiligenschein).

Chagall hat das Bild ›Die heilige Familie‹ genannt – also Maria und Jesus mit Joseph? – und der Esel aus dem Stall! – aber Jesus liegt ja nicht mehr in der Krippe – überhaupt, das finde ich komisch: Maria sieht ihr Kind gar nicht an, das ist doch sonst immer so gemalt – Maria guckt auch nicht freundlich, sondern entsetzt – vielleicht hat sie Angst vor Herodes? – sie sieht es schon kommen, daß ihr Kind gekreuzigt wird – ich finde, sie blickt einen richtig an: »Hilf mir!« – nein, ich finde die guckt so, als wollte ich ihr was tun – ja, oder vielleicht ihrem Kind, ich kann da gar nicht lange hingucken.
Das Kreuz hat mit den Weihnachtsbildern eigentlich auch nichts zu tun – außerdem ist es sehr groß, es reicht über die ganze Familie – das heißt vielleicht: So wie es Jesus gegangen ist, wird es denen allen gehen – nein: Jesus will die trösten und sagen: Habt keine Angst; Gott ist bei mir und bei euch auch! – das finde ich auch; und der Esel oder Chagall tröstet die Leute von der anderen Seite – und ganz unten leuchtet die Torā – ja, die Familie ist richtig wie in einem Bogen beschützt, aber nicht von dem Mann, sondern von Jesus, dem Licht und der Torā.

Die Geschichte des Gottes-Volkes, mit Chagalls Bildern erzählt

(Vorlese- oder Erzähltext zur Veranschaulichung eines Erlebniselementes jüdischer Erziehung: Die Kenntnis eines dreitausendjährigen *Geschichtszusammenhangs.* – Der Text ist mit Kindern zusammen langsam entwickelt worden während der Gespräche vor den hier vorgelegten Bildern, vor einigen Bildern aus der Diaserie Marc Chagall: Biblische Botschaft, und unter Heranziehung von Chagalls Autobiographie und Franz Meyer: Marc Chagall, DuMont Schauberg Verlag, 1968).

Chagall wächst bei seinen Eltern auf

Der Maler Marc Chagall ist am 7. Juli 1887 in der kleinen weißrussischen Stadt Witebsk geboren worden. Er hat selbst erzählt, wie er aufgewachsen ist.
Seine Eltern mußten schwer arbeiten. Sein Vater ging früh morgens in die Synagoge zum Gebet und Bibelstudium und dann zur Arbeit, oft zwölf Stunden lang. Er war Arbeiter auf einem Lagerplatz einer Heringshandlung in der Nähe des Dwina-Flusses. Chagalls Mutter unterhielt einen kleinen Laden, um das geringe Einkommen des Vaters aufzubessern, sonst hätte sie ihre acht Kinder gar nicht ernähren können. Sie wohnten in dem jüdischen Viertel der Stadt, die damals 48 000 Einwohner hatte. Die Hälfte waren Juden, die mit den Polen und Weißrussen zusammenlebten. Dreißig Kirchen und sechzig Synagogen und Lehrhäuser gab es in der Stadt. Nur wenige Häuser waren aus Stein gebaut, die meisten waren Holzhäuschen (Bild 13) mit kleinen, dunklen Stübchen, da die Fenster wegen des langen Winters möglichst klein gehalten wurden (Bild 2).

Manchmal war Chagall in Lyosno, einem Städtchen, vierzig Kilometer von Witebsk entfernt, zu Besuch bei seinem Großvater, einem Fleischer. Dort hat er oft beobachtet, wie friedliche Tiere, z.B. Kühe, geschlachtet wurden (Bild 2, 3, 19), aber er wußte, das mußte sein, das gehörte zum Leben dazu. Wirklich schlimm war, wenn Menschen andere Menschen töteten und die Eltern mit der Familie aus Angst (Bild 24) vor den Mörderbanden auf der Straße sich in den Häusern einschließen mußten und oft die Frage aufkam, wann werden wir wohl je wieder ohne Angst nach draußen können (Bild 2)? Warum nur machten Menschen anderen Menschen diese Welt zur Hölle (Bild 7, 14, 21, 22, 24)? Aber Chagall erlebte in Lyosno auch Lustiges: Wenn sein Großvater es im Haus manchmal nicht aushielt, weil Streit war, flüchtete er sich auf das Dach, aß dort seine Mohrrüben, rauchte sein Pfeifchen oder spielte auf seiner Geige.
Chagalls Großvater väterlicherseits wohnte in Witebsk und war ein gelehrter Jude, der viele Bände von heiligen Schriften auf hebräisch auswendig konnte und die Tradition als Lehrer weitergab. Auch Chagall lernte von seinem 4. Jahr ab, wie alle, die heiligen Texte der Bibel lesen und schreiben in hebräischer Schrift (Bild 1, 9, 12, 13, 15, 23).

Aber sie alle lernten die Geschichte Gottes mit ihrem Volk nicht nur, sie feierten sie auch: An jedem Sabbat herrschte feierliche Ruhe in den Häusern (vgl. dazu Text S. 61 ff.). Die Juden hatten von ihren Eltern gelernt, daß seit der Weltschöpfung der siebente Tag der Woche ein Ruhetag Gottes war, an dem kein Chef und kein Zar (Kaiser), kein Beamter und kein noch so dringender Wunsch sie zur Arbeit zwingen konnte. Solch ein mächtiger Herr war Gott, der das in der Welt durchsetzen konnte! Eines Tages würden alle Menschen an dieser feierlichen Ruhe teilhaben, dann würde kein Mensch über den anderen herrschen und ihn zur Arbeit zwingen. Vorerst aber hatte Gott ihr Volk erwählt, die Ruhe des Himmels hier auf der Erde in Erinnerung zu halten. Deshalb ruhte in ihren Häusern an diesem Tag jede Arbeit: schöne Speisen wurden gegessen, die am Vortage zubereitet worden waren, damit auch die Mutter, von der Küchenarbeit frei, an der Ruhe teilhaben könnte.

Die Mutter zündete die Sabbatkerzen an und erinnerte in den Segensworten und Gebeten an den Lichtglanz um Gott:
Ein Freund der Menschen war dieser Gott, der die Menschen nicht in einer finsteren Welt schreckte oder ängstete, sondern der ihnen geboten hatte, das Sabbatlicht zu entzünden,

damit keiner vergäße, daß der Hintergrund der Welt Licht war, auf das alle zugingen im Sterben. Chagall erlebte die Eltern in festlicher Kleidung. Lieder wurden gesungen und die vorgeschriebenen Texte aus der Bibel gelesen und miteinander durchgesprochen.

So hörte Chagall von Kind auf, daß Gott die Welt erschaffen hatte, ja, daß er jeden Menschen auf geheimnisvolle Weise mit seinen Anlagen erschafft und ihm eine Aufgabe in der Welt zudenkt (Bild 1).
Er hörte von der Untat Kains, der seinen Bruder erschlug, er hörte, daß immer wieder Menschen ihre Mitmenschen schlecht und ungerecht behandelten, daß es viele schlimme Kriege und Aufstände gab (Bild 2, 14, 22, 24) und daß die Juden oft von anderen Völkern vertrieben und viele von ihnen getötet worden waren (Bild 22).

Chagall hört von der Geschichte Gottes mit seinem Volk

– Die Väter

Chagall erfuhr, welche Bewandtnis es mit seinem Volk hatte: Er hörte von Abraham, Isaak und Jakob, den Vätern, und von Sara, Rebekka, Lea und Rahel, den Müttern des jüdischen Volkes (Bild 4, 5, 6, 7, 8), die Gott aus ihrer Heimat fortgerufen hatte, weil er ihnen und ihren Nachkommen inmitten der weiten Landflächen der Erde ein eigenes Stückchen Land, Israel, überlassen wollte, wo ein ganz neues Leben unter Menschen, ein Leben mit Frieden, Gerechtigkeit und Liebe beginnen sollte. Chagall hörte von den zwölf Söhnen Jakobs, er hörte davon, wie die Brüder Joseph nach Ägypten verkauften, später aber selbst alle nach Ägypten ziehen mußten und von Joseph gerettet wurden (Bild 7, 8). Dort aber wurden ihre Nachkommen zu Fronsklaven erniedrigt, mußten ihre neugeborenen Söhne töten lassen und schwere Arbeit für die Wunder-Bauwerke zum Ruhme der ägyptischen Könige verrichten.

– Mose, der Freund Gottes

Schließlich jedoch, so hörte Chagall, erweckte Gott einen unter ihnen, Mose (Bild 9, 10), der die Sklaven aus Ägypten fortführte – gegen den Widerstand des mächtigen Pharao, aber mit Gottes Hilfe (Bild 11, 12, 13, 14), der sie auch durch die Wüste leitete mit ihren vielen Plagen an Hunger, Durst, Tieren und Feinden und ihnen am Berg Sinai die Weisungen gab für ein Leben in Gerechtigkeit und Frieden (Bild 15, 16). Und schließlich führte Mose sie bis dicht vor das Land, das Gott ihren Vorfahren schon vor langen Zeiten versprochen hatte. Dort starb dieser große Mose, wie einige Lehrer sagten, unter dem Kuß Gottes auf einem hohen Berg (Bild 17).

– Richter und Könige

Unter Moses Nachfolger, Josua, kamen die Israeliten, nach dem biblischen Bericht, in ihr Land. Aber Feinde nahmen ihnen oft genug ihre Nahrung fort, denn sie waren ja nur ein kleines, auf den Gebirgshöhen verstreut lebendes Volk, noch ohne Städte und also ohne den Schutz von Mauern. Gott schickte wohl starke Männer, Richter (Bild 18 a, b) und schließlich Könige, die dem Volk halfen. Der erfolgreichste König war David, ein frommer, kluger, organisationstüchtiger Mann, der das Volk einte und allen Menschen in jenem Gebiet endlich, endlich einmal Frieden brachte. Aus seinen Nachkommen, so hatte einer von Gottes Kündern (Propheten) gesagt, würde der Messias (Bild 24) kommen, unter dessen Herrschaft solcher Frieden einst auf der ganzen Welt (Bild 20) zu finden sein würde.

– Streit in Gottes Volk

Nach Davids Tod jedoch, so las Chagall in der Bibel, begann Streit unter den Israeliten. Feinde fielen in ihr Land ein. Und obwohl Gott immer wieder Männer und Frauen als seine Boten (Propheten und Prophetinnen) schickte, die immer von neuem Gottes Sinai-Willen zur Gerechtigkeit unter den Menschen verkündeten und auslegten (Bild 19, 21), setzten viele und auch die Könige ihren eigenen Willen durch und orientierten sich lieber an den Machtvorstellungen anderer Menschen und anderer Völker. So suchten sie Krieg und Sieg und Ruhm oder Reichtum. Dabei wurde ganz Israel durch ein starkes Volk aus dem ferner Zweistromland besiegt und ging schließlich ganz zugrunde.
Der herrliche Tempel in Jerusalem und die ganze Stadt wurden zerstört, der israelitische König Zedekia, ein Nachkomme Davids, wurde gefangengenommen; seine beiden Söhne ließ der feindliche König Nebukadnezar vor Zedekias Augen totschlagen, ihm selbst die Augen

ausstechen und ihn in die Gefangenschaft nach Babylon abführen. Mit ihm zusammen wurden viele Tausende nach Babylon verschleppt (Bild 22). Der Staat Israel hatte vierhundert Jahre nach David aufgehört zu bestehen. Der übriggebliebene Rest der Israeliten, aus der Provinz Juda, wurde von da ab »Juden« genannt.

– Die Geschichte Gottes mit seinem Volk geht weiter

Doch die Juden hörten nie auf, sich an alles zu erinnern, was Gott ihrem Volk seit der Befreiung aus Ägypten Gutes getan hatte; immer dachten sie daran, daß Gott ihnen einen Auftrag für ein Leben in Gerechtigkeit gegeben hatte, und nie gaben sie die Hoffnung auf, daß Gott eines Tages sein Reich des Friedens und der Gerechtigkeit für alle Völker herbeiführen werde.
War Gott in allem Geschehen der Welt als Freund der Menschen gegenwärtig, so würde eines Tages sein Licht, das um alle Welt herum lag, auch in den Sinn aller Menschen hineinscheinen und die neue Zeit herbeiführen (Bild 23).

– Zwischen immer grösseren Reichen muss Gottes Volk leben

Das babylonische Reich wurde von den Persern zerstört. Sie erlaubten den Neubau Jerusalems und des Tempels. Viele Juden zogen in die alte Heimat und halfen beim Aufbau. Dann wurde das noch größere Persische Reich zweihundert Jahre später von den Griechen, deren noch umfassenderes Reich zweihundertfünfzig Jahre später von den Römern zerstört. Sie machten aus Jerusalem von neuem einen Trümmerhaufen und verboten den Juden, in ihrer Heimat zu wohnen. Alle wurden vertrieben und mußten sich, verstreut über das Römische Reich, Wohnplätze suchen. Aber auch dieses größte Weltreich zerfiel, ungefähr dreihundert Jahre nach der Zerstörung Jerusalems und zweihundertfünfzig Jahre nach der großen Zerstreuung, langsam durch die Einfälle von Germanen in lauter kleine Reiche. Das russische Reich, in dem Chagall wohnte, war bald von den Mongolen und Tartaren, bald von den Schweden besetzt worden; auch russische Fürsten hatten es zuzeiten regiert, dann war Napoleon dort eingedrungen, danach herrschten wieder russische Zaren, bis schließlich etwas ganz Neues kam: eine große Revolution.

– Gottes Volk feiert trotz allem Durcheinander in der Welt

Von all dem Wechsel und Durcheinander in der Geschichte der Völker hörte und lernte Chagall. Aber eines war durch die dreitausend Jahre immer gleich und zuverlässig geblieben: Immer hatten die Eltern den Sabbat gehalten, immer hatte der Sabbat Israel zusammengehalten. Immer hatten die Eltern die Gebete und die Torā, Gottes gute Weisung für Israel (Bild 15, 16), gelernt. Immer hatten die Eltern ihre Kinder in die Tradition des Gottesvolkes hineingefesselt (Bild 5) und sie damit lebenslänglich kenntlich gemacht als Zugehörige zu dem Volk Gottes, sie damit aber auch unabänderlich einer möglichen Verfolgung ausgeliefert. Immer hatten sie alle die Feste der Liebe Gottes zu seinem Volk gefeiert (Rosch Haschanā, Jom Kippur, Laubhütten, Gesetzesfreude/Simchat Torā, Chanukka, Purim, Passah, Pfingsten). Immer konnten sie in ihren Gebeten zu ihrem Herrn sprechen, zu ihm jubeln, klagen, vor ihm weinen, obwohl es auch viel Streit gab, die Leiden oft unerträglich schienen und manche vom Volk abgefallen waren.

Woche für Woche ein Fest »vor Gott« – Sabbat, mitgefeiert

(Vorlesetext zur Veranschaulichung eines Erlebniselementes jüdischer Erziehung: Die wöchentliche *Feier* des Sabbat.)

Aus dem Brief eines Austauschschülers

Ich habe hier in unserem Club einen prächtigen Spieler aufgetan, der auch sehr gut Schach spielt. Er wohnt jenseits des Sees und kommt immer mit einem Boot zu den Rugby-Trainings.

Einmal nahm er mich nach dem Training mit zu sich nach Haus. Inzwischen haben wir uns angefreundet. Ich war jetzt schon oft bei Bergers, so heißen seine Leute. Auch vorgestern war ich mit ihm im Boot rübergefahren. Wir pennten in der Sonne, tranken einen Steifen auf dem Balkon, und dann spielten wir lange Schach.
Mir war schon aufgefallen, daß sein Bruder, der sonst oft bei uns hockte und zuschaute, nicht herauskam, sondern irgend etwas in der Wohnung machte.
Dann kam sein Vater, ein Busfahrer, nach Hause und begrüßte uns. Ich merkte, daß irgend etwas in der Luft lag und war abgelenkt beim Spiel. Schließlich fragte ich Ben.
Er erzählte mir, daß sie heute Sabbat hätten, daß wir uns deshalb aber in unserer Schachpartie nicht stören lassen müßten. Ich könnte das ja mit ihnen feiern und bei ihnen schlafen; sonst würde er mich vor Sabbat-Anbruch mit dem Wagen oder dem Boot zurückbringen. Nun war's mit meinem Spiel vorbei.
»Sabbat?, mitten in der Woche?« – »Na, nein, heute ist doch schon Freitag. Für uns ist der Sabbat das Ende der Woche, und er geht von Freitagabend bis Samstagabend.« »Ja, und was feiert ihr da?« – »Du wirst lachen: wir feiern die Erschaffung der Welt, den heutigen Tag und die kommende Welt in einer Person.« »Was verstehst du unter ›die kommende Welt‹?« – »Nun ja, wir sind überzeugt, daß eines Tages alle Menschen sich gegenseitig akzeptieren, daß sie lernen werden, in sozialer Hinsicht miteinander gerecht und – wie wir sagen – treu umzugehen, daß es eine menschliche Welt geben wird, in der Menschen, weil sie sich als Ebenbilder Gottes verstehen, ihre Konflikte und Probleme in menschlicher Weise austragen.« – »Aber das kommt nie, eher kommt der Untergang dieser haßerfüllten oder aggressions-geladenen Gattung Mensch – das lehrt doch die Geschichte!« – »Die Geschichte mag das lehren. Aber wir haben andere Lehrer. Wir hören auf das, was Mose und unsere Meister uns lehren – und übrigens die Geschichte: wenn du bedenkst, daß auch Christen und sogar Moslems auf Mose und unsere Propheten hören, na ... ob da in »der Geschichte« nicht doch so manches für *uns* spricht?«

Wir palaverten noch über alles mögliche, den Sinn von Religion, über Weltordnungen, kapitalistische oder kommunistische, offene oder geschlossene Demokratie, Elternhäuser und Kinderkrippen in ihrer Wirkung auf die Erziehung der Kinder ... Jedenfalls befand ich mich plötzlich mitten ›im Sabbat‹. Wir waren nämlich ins Wohnzimmer gegangen. Der Raum war jetzt ganz aufgeräumt, blitzblank sozusagen, zwei Kerzen standen auf einem weißgedeckten Tisch, um den Platz der Mutter lagen Blumen, kleine Becherchen standen neben den Teetassen, vor dem Platz des Vaters verdeckte ein gesticktes Tuch irgend etwas.
Ich nahm das alles mit einem Blick wahr: eine große Veränderung war passiert. Ein bißchen war ich irritiert, ein bißchen gespannt, aber ich fühlte mich wohl. Marc pflaumte mich von der Seite an: »Chris, wie gefällt dir meine Welt?« Ich zögerte: »Deine Welt?« Da sagte Ben: »Du, Chris ist kein Jude, der weiß gar nicht, was Du meinst« – und zu mir: »Jeden Sabbat übernimmt es einer aus der Familie, die Wohnung schön herzurichten.

Der Sabbat, das ist für uns der 7. Tag der Schöpfung. So schön wie die Welt war, als Gott am 7. Schöpfungstag die Sabbat-Ruhe einsetzte, so schön wird sie auch wieder werden. Und unsere Häuser sollen an jedem Sabbat den Schmuck der geordneten Welt Gottes widerspiegeln. Deshalb Marcs Frage, ob ›seine Welt‹, die er gerade geordnet hat, dem entspricht. Und eines Tages wird die ganze Welt so sein.«
»Was heißt ›so sein‹? – so wie bei der Schöpfung

vor fünf Milliarden Jahren oder wie lange das her ist, also ohne Umweltschmutz und Müll und vergiftete Luft und Fabriken und Städte ...?« – »Hör auf, nein: schon ohne Umweltschmutz, Vergiftungswolken usw.; für vieles werden wir zu sorgen haben – eben eine Welt, in der Menschen leben können, vielleicht auch mit Fabriken oder ähnlichem, wie sie es für richtig halten jeweils. Eine Welt, so wie sie hier in unserer Wohnung heute schon ist ...« Schon eine ganze Weile klingelte das Telefon. Mich machte das nervös. Aber niemand kümmerte sich darum.
»Auch ohne Telefon?« – »Nein, warum? Nur am Sabbat ohne Telefon. Bis morgen abend existiert für uns kein Telefon und kein Fernsehen, kein Radio und keine Arbeit. Wir sind frei. Deshalb liegt auch auf Vaters Stuhl ein dickes Kissen, wie auf einem Thron. Wie Könige sind wir *alle* heute. Wie der Mensch von Gott gemeint ist: Nicht Arbeits-Tier, Sklave, Ausgebeuteter; nicht mehr Rädchen in einer Fabrik oder einer Verwaltung, nicht mehr Höriger einer Rundfunkanstalt oder Fernsehstation.«
Der Vater kam herein. Er hatte einen breiten Schal über den Schultern, der vorn herabfiel und sein Jackett fast verdeckte. – Ein weißer Schal mit zwei der Länge nach eingewebten breiten schwarzen Streifen.

Er sagte zu mir: »Sie sind ja von den Kindern schon eingeführt worden, wie ich höre. Mögen Sie teilnehmen an unserem Sabbatmahl? Jeder, der mag, ist geladen, mit uns zu feiern.« Die Mutter begrüßte mich und ging an ihren Platz, sie zündete die beiden Kerzen auf dem Tisch an und bedeckte ihr Gesicht mit ihren Händen. Sie sangen ein sehnsüchtig-trauriges Lied, in hebräisch oder jüdisch. Mir gefiel die Melodie. Dann nahm der Vater eine Flasche mit Wein, schenkte uns die kleinen Becherchen voll und sprach einen Segensspruch dabei. Wir tranken uns zu mit ›lechájjim‹ (»zum Leben!«). Danach nahm er die Decke vor seinem Platz hoch, darunter lagen Zopfbrote. Auch hier sprach er einen Segen, brach Stücke von dem Brot und gab sie an uns. Auch eine Gewürzdose stand auf dem Tisch. Es waren noch viele Einzelheiten.

Was mir in Erinnerung ist, ist die Ruhe; hin und wieder das leer vor sich hinklingelnde Telefon, der Glanz der Kerzen, die Gespräche über alles mögliche, was in der Woche passiert war. Bis spät in die Nacht saß die Familie zusammen. Sie sprachen über Gott und die Welt, sie beantworteten auch mir viele Fragen. Am liebsten wäre ich gar nicht ins Bett gegangen.
Am nächsten Morgen wachte ich sehr spät auf. Die Familie war schon in der Synagoge gewesen. Für mich stand Frühstück da. Bens Schwester Rebecca war Krankenschwester. Sie hatte gestern Dienst. Ich fragte: »Am Sabbat?« – »Na, warum nicht? Unsere Meister sagen: »Menschen helfen geht über Sabbat halten.« Der Vater traf Essensvorbereitungen. Marc las in irgendeinem jüdischen Religionsbuch. Die Mutter knüpfte einen Vorhang aus Wollfäden. Ben puzzelte mit Rebecca. Plötzlich las Marc etwas aus seinem Buch vor und protestierte gegen die Auffassung des Schriftstellers; die ganze Familie geriet in Eifer, die Diskussion wurde erst durch den Wunsch nach dem Mittagessen beendet. Die Kinder deckten den Tisch, die Mutter holte eine Art Plumpudding aus einer Wärmekiste. Den hatte sie schon am Tage vorher gemacht und ihn dann einfach warmgestellt. (Er war noch lauwarm.) Denn auch sie sollte an diesem Tage ›Königin‹ sein, frei sein von der Arbeit. Ich würde mir selbst solchen Pudding nicht machen. Aber dort hat er mir phantastisch geschmeckt. Es war, als hätte ich ein Stück Sabbat ›gegessen‹, so wie ich ihn gesehen, gerochen, geschmeckt und empfunden hatte: eine ›komplexe Realität‹, wie Ottchen sagen würde. Am liebsten hätte ich meine Clubkameraden am Nachmittag versetzt, so gern hätte ich den Sabbat mit zu Ende gefeiert. Aber wir mußten für das Sonntagsmatch trainieren, und sie würden mich nicht verstehen. Marc lieh mir sein Boot und bat mich, ihn am Sonntag zum Spiel damit wieder abzuholen ...

Aber das ist mir klar geworden: Wenn solche Leute von ›Schöpfung‹ oder von der ›kommenden Welt‹ reden, dann wissen die, was sie meinen. So hautnah ist mir das alles noch nie gewesen. Von denen wird diese Welt richtiggehend gefeiert, und sie fühlen sich für ihre Verbesserung persönlich verantwortlich. Solch ein Familienleben, das war einfach eine Oase der Menschlichkeit. Die wissen einfach, was sie meinen, wenn *die* Sozialismus sagen, wenn die von sozialem Frieden, neuer Sozialordnung reden. Also, das wird hier einfach schon jetzt praktiziert, das kannst Du mit allen fünf Sinnen greifen. Das mußt du erleben! Marc erzählte mir später noch, daß oft arme Juden, Bettler oder Streuner, am Sabbat an die Tür kommen. Es gibt bei ihnen ein religiöses Gesetz, nach dem sie solche ›Schnorrer‹ aufnehmen müssen. »Jede Seele in Israel soll an diesem Tage feiern, sich satt essen und satt trinken können.«

Übrigens haben sie mich eingeladen, wieder einmal Sabbat bei ihnen mitzufeiern. Dann werde ich Dir schreiben, wie sie ihn beenden.

Anmerkungen

1. Zur Einführung (S. 8 ff.)

[1] ›*Biblische Geschichten*‹: Die Bildüberschriften im Textteil sind für den Umgang mit Kindern gewählt. Die Bildüberschriften und Bibelstellenangaben im Anmerkungsteil sind dem Band ›Bible‹, (Verve, Vol. VIII, Nr. 33/34, 1956, Anhang) entnommen.

Für die eigene Bibellektüre sei neben den ›normalen‹ Bibelausgaben auf die folgenden besonders hingewiesen:

Chagall hat die Bibel in ihrer hebräischen Fassung gelernt und gelesen. Wenn bei ihm von Bibel die Rede ist, sind damit ›die Schriften‹ gemeint, die auch Jesus oft als ›die Schrift‹ zitiert, und die unter Christen ›Altes Testament‹ genannt werden.
Dieser hebräischen Bibel kommt im deutschen Sprachraum die Übersetzung von *Buber/Rosenzweig* (4 Bände, Verlag Jakob Hegner, 1954–1962) am genauesten entgegen. In ihrer sprachlichen Sprödigkeit und Eigenwilligkeit verlangt sie vom Leser einen langen geduldigen Umgang. Dann aber überrascht die dem Urtext getreue Sprache und die ganz an der biblischen Frömmigkeit geschulte Anschauungskraft der beiden Übersetzer.

Für den, der sich schnell im Bibeltext zurechtfinden will, und einen sprachlich flüssigen, von allzu schwer verständlichen Passagen entlasteten und den Entstehungsprozeß der biblischen Literatur berücksichtigenden Text haben will, sei die (Auswahl-)Bibel von *Jörg Zink* empfohlen (Das Alte Testament, Kreuz Verlag 1966). Trotz vieler Bedenken von Fachleuten ermöglicht sie dem Leser, der die ›Bibel zu schwer‹ findet, einen schnellen Zugang zur Bibel.
Für Kinder erscheint gerade, in handlichen Einzelteilen gedruckt, eine sprachlich gelungene neue Bibelausgabe (Anneliese Pokrandt/Reinhard Herrmann: *Elementarbibel*, Verlage Kaufmann und Kösel, 1974 ff.). Auch diese Ausgabe leidet unter den Bedenken, die sich bei jeder Auswahl einstellen. Aber hier ist für Kinder ein Werk geschaffen, das wieder Staunen vermitteln kann, weil in einfacher, verständlicher Sprache und in einem sehr übersichtlichen Schriftbild von den Begegnungen zwischen Gott und den Menschen – dem Bibeltext getreu – erzählt wird. Dabei bedeuten die Bilder, die den Text laufend begleiten, einen fortwährenden Anreiz für Kinder, Entdeckungen auch am Text zu machen, und sie lassen sich sehr vorteilhaft zum Vergleich mit Chagalls Bildern heranziehen. Begleithefte zu jedem Teilbändchen informieren den Erwachsenen über die Grundsätze der Auswahl des Textes, der Entscheidungen bei der Übersetzung und der Eigenarten bzw. der Zuordnung der Bilder.

[2] Die auf S. 67 dargestellte *Geschichte von Chagalls Volk* ist mit Kindern zusammen »erfunden« worden und versucht in einem reflektiert-naiven Erzählungsstil Kindern eine Vorstellung zu vermitteln, von dem ›umgreifenden‹ Beziehungsrahmen (vgl. Einführung S. 11) der Geschichte des Gottesvolkes, innerhalb dessen Chagall die einzelnen Geschichten und sich selbst versteht. Sie ist hier beigefügt, damit Kinder biblische Geschichten nicht isoliert als punktuelle menschliche Erlebnisse, Leistungen, Kuriositäten empfinden, sondern einen Eindruck davon bekommen, daß hinter allen biblischen Einzelgeschichten Erfahrungen aus ›einer weiträumigen Glaubensgeschichte‹ (v. Rad) stehen, an die Juden, Christen und Moslems angeschlossen worden sind.

[3] *Hörspiel* ›Wie wir das letztemal Passah feierten‹ von Heiner Michel, Bremer Rundfunk März 1964; Ausleihe durch Religionspädagogische Arbeitsstelle, Franzius-Eck 4, 28 Bremen 1.

Feiern: Anschaulich wird davon berichtet in Marc Chagall: Mein Leben, Hatje Verlag 1959, S. 16, 26, 30, 35, 39, 46, 60, 65, und in Bella Chagall: Brennende Lichter, Rororo Taschenbuch, 1969, durchgehend.

Für den, der die Texte nicht zur Hand hat, ist auf S. 70 ff. ein Lesetext abgedruckt, der Kindern eine Anschauung von der Bedeutung religiösen Feierns in der Familie geben kann.

[4] *Ursprungssituationen:* Seit einiger Zeit konnte die historisch-kritische wissenschaftliche Erforschung der Bibel aus der Phase notwendiger destruktiver Analyse zur synthetischen Fragestellung hinübergehen: Wie ist die Situation zu beschreiben, in der biblische Verfasser alte Erzählungstraditionen ganz neu umsprechen mußten, um den Anruf biblischen Glaubens den Menschen in der neuen Situation verständlich zu machen? So kann die Bibel heute in ihrer ursprünglichen Lebendigkeit neu entdeckt werden, wenn wir uns die »Ursprungssituationen« ihrer Aussage deutlich machen. Diesem Ziel dient heute viel Literatur. Im Zusammenhang der vorliegenden Bilder sei besonders auf eine Veröffentlichung hingewiesen, die dem Leser vielerlei – direkt für den Umgang mit Kindern zubereitete – Beispiele zeigt: Erzählbuch zur Bibel (Hrsg. Walter Neidhart und Hans Eggenberger, Benziger- und Kaufmann-Verlag 1975) darin besonders der Abschnitt: Geschichten zur literarischen Ursprungssituation, S. 170 ff.

[5] *v. Hentig* Systemzwang und Selbstbestimmung – Über die Bedingungen der Gesamtschule in der Industriegesellschaft, Klett Verlag 1968, S. 101 f.

[6] *Die Trias* Befreiung – Auftrag – Hoffnung spiegelt den Duktus der prophetischen Rede wider und ist konstitutiv für jüdischen und christlichen Glauben. Der

Mensch wird erinnert an die *Befreier-*, die Heilandstat Gottes (Befreiung aus Ägypten, Auferweckung Jesu), ihm wird der *Auftrag* gegeben, diese Befreiertat in seinem Leben und im Umgang mit dem Nächsten zu bewähren (Einleitung in die Zehn Gebote: Ich bin JHWH, dein Gott, der ich dich aus dem Sklavenhaus Ägypten herausgeführt habe / dann folgen die Gebote: vgl. das Verhältnis von Indikativ und Imperativ in den ethischen Weisungen (Paränesen) des Neuen Testaments), und ihm ist die *Hoffnung* gegeben, daß Gott die neue Weltzeit, die Gottesherrschaft herbeiführen wird, wobei der Mensch als helfend beteiligt verstanden wird: »Israel und die Juden glauben und wissen sich verpflichtet, das Reich Gottes hier auf Erden zu errichten: Jeder Jude hat den Messias vorzubereiten und ihm tätig, leidend, opfernd in Verantwortung für das Leben seiner Mitmenschen entgegenzuschreiten. Geschichte ist Fort-Schritt ins Reich Gottes: Wobei jeder einzelne Jude durch sein persönliches Fort-Schreiten mitverantwortlich ist für diesen Fort-Schritt ins Reich Gottes. Das Reich Gottes ist nicht in einem – möglichst privatisierten – Jenseits, in fernen Himmeln zu suchen und zu finden, sondern hier auf dieser Erde.« Friedrich Heer: Gottes erste Liebe, Bechtle-Verlag S. 58.

[7] Unter den Kennzeichnungen Gottes in der Bibel spielt der Gottes*name* eine hervorragende Rolle neben den ›Titel‹-Anreden: mein Herr, Gott, Gottheit. Der Gottesname (in früheren Übersetzungen nur als ›der ewig Seiende‹ – fast wie ein Prinzip – verstanden, aus der griechisch-philosophischen Seins-Tradition heraus gehört und daher als ›ich bin, der ich bin‹ wiedergegeben) ist in der hebräisch-jüdischen Tradition als die personale Zuwendung des unsichtbaren Gottes an seine Menschen verstanden: ›Ich bin (für euch) da, als der ich (für euch) da bin‹, ich bin bei euch, gehe mit euch, m. a. W. ihr könnt mich an jedem Ort und in jeder Lage anrufen. Daher kann andererseits die menschliche Erfahrung sagen: ›Du hörst, was wir zu Dir sagen, deshalb darf jeder zu Dir kommen mit seinen Bitten, Sorgen, Klagen, seinem Verzweifeln und Fluchen genauso wie mit seinem Danken, Jubeln, Lachen, Glücksempfinden‹ (vgl. Psalm 65,3). Alfons Deissler bezeichnet diese ›Selbstoffenbarung Gottes im Namen Jahwe ... (als) das Urevangelium‹ (in: Ich werde mit Dir sein – Meditationen zu den fünf Büchern Mose, Herder-Verlag 1969, S. 16 f.).
Eine angemessene deutsche Übersetzung für den Gottesnamen JHWH zu finden, ist außerordentlich schwer. Die Zürcher Bibel übersetzt ›Herr‹, die Lutherübersetzung wählt »HERR oder HERR« zur Unterscheidung von dem üblichen »Herr«; die Buber/Rosenzweig-Übersetzung hält den Anredecharakter des Gottesnamens dadurch wach, daß sie an seiner Stelle jeweils das entsprechende Personalpronomen mit großen Lettern (ICH, DU, ER und andere Pronomina) setzt. (Vgl. dazu Martin Buber: Zu einer neuen Verdeutschung der Schrift – Beilage zu dem Werk: Die fünf Bücher der Weisung, Hegner-Verlag 1954, S. 30).

[8] *Boten:* Chagall ist oft als der ›Maler mit dem Engel im Herzen‹ charakterisiert worden. Nicht zu Unrecht. Die Begegnung mit dem Engel hat im Leben des jungen Chagall während schwerster Lebensbedingungen in seiner Petersburger Ausbildungszeit eine große Bedeutung. Er hat sie folgendermaßen geschildert: »Meine Mittel erlaubten mir nicht, ein Zimmer zu mieten; ich mußte mich mit Zimmerecken begnügen. Ich hatte nicht einmal ein Bett für mich allein. Ich mußte es mit einem Arbeiter teilen. Er war wirklich ein Engel, dieser Arbeiter mit dem tiefschwarzen Schnurrbart.
Aus lauter Freundlichkeit zu mir drückte er sich ganz gegen die Wand, damit ich mehr Platz hätte. Ich lag, ihm den Rücken zukehrend, mit dem Gesicht zum Fenster und atmete die frische Luft.
In diesem Zimmer, mit Arbeitern und Straßenhändlern als Nachbarn, blieb mir nichts anderes übrig, als mich auf den Bettrand zu legen und über mein Leben zu grübeln. Worüber sonst? Und Träume suchten mich heim: ein viereckiges Zimmer, leer. In einer Ecke ein Bett und ich darin. Es wird dunkel.
Plötzlich öffnet sich die Zimmerdecke und ein geflügeltes Wesen schwebt hernieder mit Glanz und Gepränge und erfüllt das Zimmer mit wogendem Dunst.
Es rauschen die schleifenden Flügel.
Ein Engel! denke ich. Ich kann die Augen nicht öffnen, es ist zu hell, zu gleißend. Nachdem er alles durchschweift hat, steigt er empor und entschwindet durch den Spalt in der Decke, nimmt alles Licht und Himmelblau mit sich fort.
Dunkel ist es wieder. Ich erwache.
Mein Bild ›Erscheinung‹ gibt diesen Traum wider.« (Marc Chagall: Mein Leben, a. a. O. S. 81 f., vgl. Anmerkung 17 zur ›Einführung‹.)

Die Boten Gottes (Engel) sind bei vielen Graphiken Chagalls erkennbar als *Menschen*, nur mit angepappten großen Flügeln. In Chagalls Bildern treffen wir also auf unterschiedliche ›Kategorien‹ von Menschen. So wie es für einen jeden Menschen nun einmal beliebige andere Menschen (»*Un-Personen*«) und jeweils *nächste Menschen* und eben Menschen als »*Boten*« gibt, die, etwa wie die Eltern (Bild 1), den Weg eines Menschen »schicksal«haft bestimmen bzw. verändern.

[9] *Licht:* Ein in der gesamten Religionsgeschichte gebräuchliches Transzendenzsymbol. In der hebräischen Bibel spielt es noch eine besondere Rolle, weil über die bekannten Wörter für Licht hinaus ein *spezieller* Ausdruck geradezu als Umschreibung des Gottesnamens dienen kann: »kabod«. Die Grundbedeutung dieses Wortes ist: Schwere, Gewichtigkeit, Herrlichkeit, daher zuweilen als Lichtglanzherrlichkeit wiedergegeben. Eine Quellenschrift nämlich in den Fünf Büchern Mose macht diesen Fachausdruck zum entscheidenden Begriff ihrer Darstellung. ›... konstituierend für sie ist ... Feuerphänomen des *kabōd*, das einen für Menschen unerträglichen Glanz ausstrahlt

...‹ (Gerhard v. Rad: Deuteronomium-Studien, Vandenhoeck & Ruprecht 1948, S. 26f.) Wenn ›Gott die Ägypter diesen unerträglichen Glanz sehen läßt‹ (ältere Übersetzungen: ›sich an den Ägyptern *verherrlicht*‹), kommen sie darin um. Vgl. dazu das Bild 14, wo Chagall von dieser Vorstellung her gestaltet.
Viele der in komprimierter Legendenform dargestellten Erfahrungen der ›neuen Existenz‹ sind offensichtlich außerstande, sich zutreffend ohne das Lichtsymbol zu artikulieren: (vgl. 2. Mose/Exodus 3; 19; 24; 34; 1. Kön. 18,38; Jes. 6; Mt. 17; 28,3; Mk. 16,5; Lk. 24,4; Apg. 9).
Auf Matthias Grünewalds Isenheimer Altar ist auf der Bildtafel ›Maria mit dem Kind‹ der *kabōd* sowohl als Schwere- wie auch als Lichtphänomen veranschaulicht, da wo die Erde fast erdrückt wird von der Herrlichkeit Gottes, wenn diese nicht durch massive Granitgebirge abgestützt würde.

[10] *Chagall und die biblische Tradition:* Äußerungen Chagalls in dieser Richtung finden sich in seiner Selbstbiographie (vgl. Anmerkung 3), in seinen Gedichten (vgl. dazu die Jahresberichte ›Les amis du Musée Nationale Message Biblique Marc Chagall, Nice 1974–1977‹ und in seinen Reden, z.B. bei der Einweihungsfeier der Glasfenster im Fraumünster in Zürich am 5. Sept. 1970 (in: Irmgard Vogelsanger-de Roche, Die Chagall-Fenster in Zürich, Orell Füssli Verlag 1971, S. 75) oder bei der Eröffnung des Museums ›Biblische Botschaft‹ in dem gleichnamigen Bildband (hrsg. Weber – Genf 1973, S. 15f.).

[11] Werner Haftmann, Marc Chagall – Gouachen, Zeichnungen, Aquarelle, Verlag M. DuMont Schauberg 1975, S. 87.

[12] ›Bible‹, Verve, Paris, Vol. VIII, Nr. 33/34, 1956.

[13] ›Dessins pour la Bible‹, Verve, Paris, Nr. 37/38, 1960.

[14] Exodus, Chagall lithographe III, Nr. 444–467, Monte Carlo, 1969.

[15] ›Katalog Musée National, Message Biblique Marc Chagall, Nice, donation Marc et Valentina Chagall‹, Editions des Musées Nationaux, Paris 1973, 10, rue de l'Abbaye, 75006 Paris.

[16] A. a. O., S. 10.

[17] Marc Chagall, Mein Leben, Hatje-Verlag 1959, S. 100, 109.

[18] Werner Haftmann, a. a. O., S. 10.

[19] Rede Marc Chagalls bei der Einweihung der Bildfenster im Fraumünster Zürich am 5. 9. 1970, in: Irmgard Vogelsanger-de Roche, Die Chagall-Fenster in Zürich, Orell Füssli-Verlag 1971, S. 75.

2. Zu den Gesprächen mit Kindern vor den Bildern Marc Chagalls (S. 16ff.)

Vorbemerkung: die zu diesem Teil folgenden Anmerkungen sind in einer bestimmten Reihenfolge geordnet.
Zu jedem Bild werden zunächst fünf Angaben notiert:

1) Bildnummer in der Ausgabe von Verve (a. a. O., vgl. Anmerkung 12 zur ›Einführung‹) und Werkverzeichnisnummer (WVZ) im Katalog des Museums ›Biblische Botschaft‹ in Nizza (a. a. O., vgl. Anmerkung 15 zur ›Einführung‹).
2) Bildunterschrift und Bibelstellenangabe nach der oben genannten Ausgabe von Verve.
3) Hinweise auf den größeren biblischen Zusammenhang des vorliegenden Motivs.
4) Ein Verweis auf den Zyklus von Chagalls großformatigen Bildern ›Biblische Botschaft‹ in Nizza. Die Bilder daraus sind erschienen als Postkartenserie und als Diakassette ›Marc Chagall – Botschaft der Bibel‹ mit einem Kommentar vom Verfasser, Burckhardthaus- und Christophorus-Verlag 1976. Die Kommentierung zeigt, wie Chagall auf jedem dieser Bilder weite biblische Zusammenhänge ins Bild gesetzt und sie bis in Existenzfragen der Gegenwart hereingeholt hat. Besonders für die Arbeit mit älteren Schülern, Konfirmanden und Erwachsenen sei darauf hingewiesen. (Vgl. auch Anm. 15 zur ›Einführung‹.)
5) Texte aus der religiösen Bewegung des Chassidismus, die Chagall in seiner Kindheit und Jugend stark geprägt hat. Diese Texte sollen dem Leser ein paar Hilfen geben, zu verstehen, wie in Chagalls Heimat biblische Tradition und Alltag, das Wort Gott und die menschliche Erfahrung eine solche Einheit eingingen, daß sehr ›weltlich‹ von Gott gesprochen werden konnte (›Laßt uns Gott in die Welt ziehen, und alles wird zurecht kommen‹), ohne daß die religiöse Sprache verweltlicht, säkularisiert wurde. Die Texte sind zitiert nach: Martin Buber: Die Erzählungen der Chassidim, Manesse-Verlag 1949 (Buber) und Elie Wiesel: Chassidische Feier, Europa-Verlag 1975 (Wiesel).

An letzter Stelle folgen die zu jedem Bild durchnumerierten Anmerkungen.

- Bild 1
- BIBLE 1/WVZ Nizza 257 –
- Gott erschafft den Menschen und haucht ihm das Leben ein (1. Mose/Genesis 2,7).
- Biblischer Zusammenhang: 1. Mose/Genesis 1 und 2.
- Botschaft der Bibel, Bild 1, Kommentar S. 17ff.

Rabbi Baruch sprach einmal: »Was für eine gute und lichte Welt ist das doch, wenn man sich nicht an sie verliert, und was für eine finstere Welt ist das doch, wenn man sich an sie verliert!« Buber, S. 192.

[1] Buchstaben des Gottesnamens: vgl. Anm. 7 zu »Einführung«.

[2]
1. LICHT UM GOTT
2. Feste zwischen den Wassern
3. Meer, Trockenes, Pflanzen
4. Gestirne
5. Wasser- und Lufttiere
6. Landtiere und Mensch
7. RUHE UM GOTT

Vgl. Goldmann/Kaiser: So schön ist unsere Welt, was machen wir aus ihr? RELIEF 2. Benziger-Vandenhoeck & Ruprecht 1976. S. VI.

- Bild 2
- BIBLE 2/WVZ Nizza 258 –
- Noah entläßt die Taube durch das Fenster der Arche (1. Mose/Genesis 8,6–9).
- Biblischer Zusammenhang: 1. Mose/Genesis 6–8.
- Botschaft der Bibel, Bild 4/5, Kommentar S. 21ff.

[1] Vgl. Einführung S. 8.

[2] Eine Anschauung dieser *Ghetto-Existenz* läßt sich gewinnen an Büchern wie Meyrink, Der Golem, Verlag Langen-Müller 1972; Scholem Alechem, Geschichten von Tewje, dem Milchmann, Suhrkamp-Bibliothek Nr. 210, 1970; Martin Buber, Gog und Magog, Lambert Schneider-Verlag, 1949; Manès Sperber, Die Wasserträger Gottes, Europa-Verlag 1974; José Orabuena, Groß ist deine Treue, – Roman des jüdischen Wilna, Schöningh-Verlag 1959.

[3] *Unsere Väter, unsere Mütter, unsere Lehrer:* Vgl. 1. Mose/Genesis 6,5–8. Die Verfasser der biblischen Schriftwerke werden hier durchgehend als ›unsere Väter‹, die anderer wie z.B. 1. Sam. 2 als ›unsere Mütter‹, dagegen die außer- oder nachbiblischen Autoren, soweit sie Bedeutung gewonnen haben, als ›unsere Lehrer‹ vorgestellt. Sprechen wir nämlich aus analysierender Distanz von ›einem prophetischen Schriftsteller, den die Forschung mit einem Kunstnamen als Jahwist bezeichnet‹, so wird die historische Distanz noch durch die Fremdheit der wissenschaftlichen Sprache vergrößert. Ist er »einer unserer Väter«, dem in einer bestimmten Situation gegeben war, die Überlieferung des biblischen Glaubens in neue Worte zu fassen und die Wirkungsgeschichte der Überlieferung zu erweitern, so ist damit gesagt, daß er auch für uns Autorität ist. Zugleich aber gewinnen wir die Freiheit, das bei ›unseren Vätern‹ Gehörte unter ihrer Anleitung zwar, aber unter den Bedingungen unserer Zeit neu auszusprechen und also die Überlieferung lebendig fortzusetzen.
Wir müssen uns immer wieder von neuem klarmachen, daß in der Bibel nichts ›wörtlich‹ ›geglaubt‹ und nachgesagt wird. Vielmehr hat jeder Mensch in jeder Generation oder Situation den Namen Gottes (und seine Taten) so auszusprechen und mit seinem Leben sichtbar zu machen, daß die lebendige Gegenwart des befreienden und beauftragenden Gottes Raum in der Welt und die Herzen von Menschen gewinnt.

- Bild 3
- BIBLE 3/WVZ Nizza 259 –
- Noah bringt nach der Sintflut Gott ein Opfer dar (1. Mose/Genesis 8,20–22).

Rabbi Mosche Löb sprach: »Wie leicht ist es für einen armen Mann, sich auf Gott zu verlassen – worauf sonst könnte er sich verlassen? Und wie schwer ist es für einen reichen Mann, sich auf Gott zu verlassen – alle seine Güter rufen ihm zu: ›Verlaß dich auf mich!‹« Buber, S. 543.

- Bild 4
- BIBLE 8/WVZ Nizza 264 –
- Abraham begleitet drei Engel auf dem Weg nach Sodom (1. Mose/Genesis 18,16).
- Biblischer Zusammenhang: 1. Mose/Genesis 18,1–19,28.
- Botschaft der Bibel, Bild 6, Kommentar S. 25.

Aus einem Gebet des Großvaters von Spola:
»Denk nicht an die Sünden, die die Menschen begehen, ich flehe dich an. Denk doch mehr an ihre guten Taten. Sie sind weniger zahlreich, gewiß, aber sie sind wertvoller, gib es doch zu! Glaub mir, es ist nicht leicht, gut zu sein in diesem Jammertal. Und sähe ich nicht mit meinen eigenen Augen, daß die Menschen trotz allem, trotz allen Hindernissen, gut sein können, dann würde ich es nicht glauben. Daher bitte ich dich: Ereifere dich nicht gegen deine Kinder; wenn ihre Güte auch selten ist, so wird sie dich doch in Erstaunen versetzen« (Wiesel, S. 51).

»Das Band, das Gott und die Menschen verbindet, ist unersetzlich, es heißt Liebe. Gott selbst braucht Liebe.

Wer Gott liebt, wird wiedergeliebt, geliebt von den Menschen und geliebt von Gott. Im Menschen muß man Gott lieben, denn die Menschenliebe ist die Vorstufe der Gottesliebe. Wer ausschließlich Gott liebt, das heißt, dabei den Menschen vergißt, reduziert seine Liebe – und seinen Gott – auf eine Abstraktion ... Wenn der Mensch barmherzig ist, wird Gott es auch sein. Das Geheimnis des Menschen heißt Gott, und Gottes Geheimnis hat keinen anderen Namen als den vom Menschen dafür erfundenen: Liebe. Wer liebt, liebt Gott« Wiesel, S. 38.

[1] Hier wird der Versuch gemacht, Weichen zu stellen für den Zugang der Kinder zu Bibeltexten. Gesperrt wird der Weg, biblische Geschichten als spannende metaphysische Comics oder Reportagen zu ›konsumieren‹ (vgl. die Kinderäußerungen zu Bild 4, Zeile 10–17). Gelernt wird an Chagall und seinem chassidischen Hintergrund (vgl. die Buber-Legende unten), daß ein Weg zu wählen ist, der dem Kind den dialogischen Charakter der biblischen Geschichte zugänglich macht:
Es ist etwas geschehen. Wie beurteilt ein Mensch, der ›sich an Gott festmacht‹, das Geschehene? oder: eine Frage ist gestellt, welche Antwort wird hilfreich sein, welche Antwort würdest du geben?
Biblische Geschichten sollen also als ›*Antwort-Geschichten*‹ gelesen werden. Sie sind in einer Situation entsprungen, sie sind in anderen Situationen anders erzählt worden, sie können auch von uns so erzählt werden, daß sie uns angehen.

Daher wird die Geschichte von Abraham und Sodom hier in fünf Schichten nachgestaltet:

1. Es wird erzählt, am Südende des Toten Meeres sollen einmal zwei große blühende Städte gestanden haben. Die sind eines Tages versunken (Zeile 18 ff.).
2. Das soll schon lange her sein, vielleicht war es zu Abrahams Zeiten (Zeile 20).
3. Warum läßt Gott so etwas zu? Oder hat Gott das selbst herbeigeführt? Kann man so etwas von Gott glauben? Ist das Gottes »undurchschaubarer Wille«, oder könnten wir Gründe dafür finden, daß Gott so etwas tut? (Zeile 32–40).
4. Nehmen wir einmal an, Gott hätte Abraham von ›seinen Plänen‹ gesagt. Wie hätte Abraham wohl reagiert? Die Bibel erzählt das so: 1. Mose/Genesis 18.
5. Ich stelle mir das so vor: Nachgestaltung der biblischen Geschichte mit den dem Zuhörer schon verfügbaren Einsichten und Einstellungen (Zeile 41 ff.).

Zur Veranschaulichung dieses Weges zur dialogischen Bibel-Lektüre diene die folgende Legende:

Als Rabbi Salman ... weil er ... bei der Regierung verleumdet worden war, in Petersburg gefangen saß und dem Verhör entgegensah, kam der Oberste der Polizei in seine Zelle. Das mächtige und stille Antlitz des Rabbi, der ihn zuerst, in sich versunken, nicht bemerkte, ließ den nachdenklichen Mann ahnen, welcher Art sein Gefangener war. Er kam mit ihm ins Gespräch und brachte bald manche Frage vor, die ihm beim Lesen der Schrift aufgetaucht war. Zuletzt fragte er: »Wie ist es zu verstehen, daß Gott der Allwissende zu Adam spricht: ›Wo bist du?‹« »Glaubt Ihr daran«, entgegnete der Rabbi, »daß die Schrift für jede Zeit, jedes Geschlecht und jeden Menschen Bedeutung hat?« »Ich glaube daran«, sagte er. »Nun wohl«, sprach der fromme Mann, »in jeder Zeit ruft Gott jeden Menschen an: ›Wo bist du in deiner Welt? So viele Jahre und Tage von den dir zugemessenen sind vergangen, wie weit bist du derweilen in deiner Welt gekommen?‹ So etwa spricht Gott: ›Sechsundvierzig Jahre hast du gelebt, wo hältst du?‹«
Als der Oberste die Zahl seiner Lebensjahre nennen hörte, raffte er sich zusammen, legte dem Rabbi die Hand auf die Schulter und rief: »Bravo!« Aber sein Herz flatterte. Nach Buber, S. 416 f.

- Bild 5
- Bible 10/WVZ Nizza 266 –
- Abraham ist bereit, seinen Sohn gemäß der Anordnung Gottes zu opfern (1. Mose/Genesis 22, 9–14).
- Biblischer Zusammenhang: 1. Mose/Genesis 22, 1–19.
- Botschaft der Bibel, Bild 7, Kommentar S. 228.

Ein Mann kam zum Koschker Rabbi und fragte, wie er wohl seine Söhne dazu bringen könnte, sich mit der Lehre Gottes zu befassen. Der Rabbi antwortete: »Willst du's in Wahrheit, befasse du dich mit der Lehre, und sie werden es dir absehen. Sonst werden auch sie sich nicht damit befassen, sondern werden ihre Söhne anweisen, das zu tun, und so fort und fort«. Buber, S. 795.
Rabbi Israel von Rischin:
»Herr der Welt, wie viele Jahre kennen wir uns schon? Also gestatte mir, mein Erstaunen auszudrücken: Was hast du für eine Art, die Welt zu regieren? Es ist höchste Zeit, daß du dich deines Volkes erbarmst! Und wenn du dich weigerst, mich anzuhören, dann sage mir: Was habe ich hier zu schaffen auf dieser deiner Erde?« Wiesel, S. 146.

[1] Gemäß der jüdischen Auslegungsgeschichte, aus der Chagall sich versteht, wird hier nicht von Isaaks »Opferung«, sondern von seiner Fesselung (Akeda) gesprochen.

- Bild 6
- Bible 11/WVZ Nizza 267 –
- Abraham beweint Sara (1. Mose/Genesis 23, 1).
- Biblischer Zusammenhang: 1. Mose/Genesis 23, 1–20.
- Botschaft der Bibel, Bild 18, Kommentar S. 54.

Sussja war bekannt in Mesritsch. Man wußte, daß er krank war, mit Unglück und Leid beladen; nichts war ihm erspart geblieben. »Sussja, wie stellst du es an, dem Herrn zu danken? Machen dir deine Leiden nichts aus?«
»Meine Leiden?« fragt Sussja erstaunt. »Welche Leiden? Ich kenne keine. Ich bin glücklich, Sussja ist glücklich, in einer Welt zu leben, die von Gott geschaffen und zur Fröhlichkeit bestimmt ist; Sussja fehlt nichts, er braucht nichts; er hat alles, und sein Herz geht über vor Dankbarkeit«. Wiesel, S. 113.

- Bild 7
- BIBLE 20 / WVZ Nizza 276 –
- Jakob hat Josefs Rock erkannt, den seine Söhne ihm in Blut getränkt gebracht haben, er glaubt, Josef sei tot und überläßt sich seinem Schmerz (1. Mose/Genesis 37,39–35).
- Biblischer Zusammenhang: 1. Mose/Genesis 37–39.
- Botschaft der Bibel, Bild 9, Kommentar S. 33.

Rabbi Israel ... erhielt sich nur durch ein Wunder am Leben. Mager und so schwach, daß er sich mehr als fünfzig Jahre lang zum Gottesdienst tragen lassen mußte ... war (er doch) das Herz seiner Generation. Er sagte: »Was ist das, der Mensch? ein Staubkorn, beladen mit Sünden, dem Nichts verfallen. Und doch ist er imstande, sich an Gott zu wenden, ihn zu duzen – ist das kein Grund, dankbar zu sein?« Wiesel, S. 123.

Literaturhinweis: Thomas Mann; Josef und seine Brüder.

- Bild 8
- BIBLE 25 / WVZ Nizza 281 –
- Jakob segnet die beiden Söhne Josefs. Gegen Josefs Wunsch legt er seine rechte Hand auf den Kopf des Jüngeren, Efraim. Ihm sagt er eine großartigere Nachkommenschaft voraus als seinem älteren Bruder Manasse (1. Mose/Genesis 48,17–20).
- Biblischer Zusammenhang: 1. Mose/Genesis 40–48.
- Literaturhinweis: Thomas Mann; Josef und seine Brüder.

Rabbi David von Lelow hörte einmal, wie ein einfältiger Mann beim Psalmen-Beten nach jedem Vers den Gottesnamen sagte. Das kam daher, daß (im Hebräischen) am Schluß jedes Verses zwei Punkte übereinanderstehen: jeden der beiden nahm der Mann für den winzigen Buchstaben Jud oder Jod, und da der Gottesname in der Abkürzung durch zwei Juds dargestellt wird, meinte er, der Name stehe am Schluß jedes Verses. Der Zaddik belehrte ihn: »Wo du zwei Juden nebeneinander, gleich auf gleich, findest, da ist der Name Gottes. Wo es dir aber scheint, daß ein Jud über dem andern steht, das sind keine Juden und da ist der Name Gottes nicht.« Nach Buber, S. 662.

[1] *Die Welt ist voller Herrlichkeit* geschaffen, voll »Asiens, Ägyptens, Chinas, Trojas«, und uns hat sich Gott nicht wegen unserer Herrlichkeit ausgesucht, nicht wegen unserer jüdischen Kultur, mit der es immer ziemlich mau war ... Überall ist die geschaffene Natur zur Kultur geworden. Die Offenbarung hat die Natur wieder offenbar gemacht. Sie hat uns wieder gelehrt, auf das Wort Gottes an uns zu hören und auf die Zauberkräfte, durch die wir unsere kreatürliche Natur in allmächtige, auch Gottes und der Götter mächtige Kultur umzaubern, zu verzichten. »Ich habe dich aus Ägypten geführt« – das weißt du. Verlaß dich auf das, was du weißt, was du erfahren hast. (Franz Rosenzweig, Briefe, Schocken-Verlag 1935, S. 430.)

- Bild 9
- BIBLE 27 / WVZ Nizza 283 –
- Gott offenbart sich vor Mose im brennenden Dornstrauch (2. Mose/Exodus 3,1–5).
- Biblischer Zusammenhang: 2. Mose/Exodus 1–3.
- Botschaft der Bibel: Bild 10, Kommentar S. 35.

Als Mose die Herden Jitros hütete am Rand der Wüste, da geschah es eines Tages, daß ein junges Böckchen ihm entlief und in kecken Sprüngen in die Wüste entwich. Sogleich eilte Mose nach, es zu fangen, aber er konnte es nicht erreichen, und die Sprünge des Tierchens schienen ihn zu verspotten. Immer weiter ging die Jagd über Sand und Stein, zu beiden Seiten dehnte sich immer mehr die heiße, grelle Öde der Wüste, und die Sonne brannte herab. Da ergrimmte Mose über die Mühsal der nutzlosen Verfolgung und schwor in jähem Zorn: »Fürwahr, wenn ich dich ergreife, so sollst du deine Bosheit hart büßen.«
Doch auf einmal stand das Böckchen still. Da ging Mose im Bogen, es zu überlisten und im Rücken zu überfallen und seinen Ärger an ihm auszulassen. Als er aber nah hinzukam, siehe, da floß aus Sand und Gestein ein helles Wasser, und das Böckchen stand und trank daraus in großen Zügen. Da sänftigte sich Moses Gemüt und er sprach: »Hätte ich gewußt, daß du des Durstes wegen mir entlaufen bist, so hätte ich mich nicht über dich erzürnt, denn ich weiß wohl, der Durst brennt rauh und böse.«
Und er stand und wartete, bis das Böckchen getrunken hatte, danach nahm er es auf seinen Arm und trug es zurück zur Herde. Da der Heilige, gelobt sei er, dies sah, sprach er: dieser Mann weiß um die Seele seines Tieres, und er kennt Zorn und Erbarmen. Fürwahr, ich will ihm meine Herde geben, daß er sie weide, mein Volk Israel.
(Nach: Schubert-Christaller, In deinen Toren, Jerusalem, Verlag Eugen Salzer 1956, S. 5 f.)

[1] Schon in frühen Schichten der Bibel finden sich Spuren des Nachdenkens über die Besonderheit der Gottesoffenbarung an Mose. In die Bibeltexte ist das eingegangen als Erzählung von Mose, der auf den Sinai steigen soll und Gottes Lichtglanz direkt konfrontiert wird, als einziger, der das habe ertragen können. Ex. 34,29 ff. Nach dieser Begegnung strahlt das Gesicht des Mose den Lichtglanz Gottes noch lange wider, so daß das Volk ihn bitten muß, ein Tuch vor sein Gesicht zu halten, weil sie schon nur den Widerschein des Gotteslichtes nicht ertragen können.
Vergleicht man dieses Textstück mit denen von Ex. 33, 18–23, Ex. 34,1–7 oder gar mit Ex. 24,9–11, so hat man einen Eindruck von der lebendigen Disputation ganz unterschiedlicher Meinungen, die unter den Verfassern der biblischen Schriften zu ein und derselben Frage bestehen können.
Für die bildende Kunst hat der Text Ex. 34,29 ff. eine besondere Geschichte ausgelöst: Zwischen dem 12. und dem 16. Jahrhundert etwa erscheint Mose nicht mehr mit dem Nimbus, der Aureole, sondern mit zwei Hörnern. Vermutlich beruht diese Darstellung auf einem Lesefehler: Im hebräischen Text heißt es, das Angesicht Moses »strahlte«. »Strahlen« heißt karan, werden die Vokale falsch gelesen, nämlich kärän, bedeutet das Wort »Horn«. Ein vergleichbarer Lese- bzw. Schreibfehler kann auch im lateinischen (und im deutschen) Text leicht unterlaufen, weil auch in diesen beiden Sprachen ähnlich klingende Wörter vorhanden sind: cornuatus (gehörnt) statt coronatus (gekrönt).

- Bild 10
- Bible 28 / WVZ Nizza 284 –
- Mose begegnet seinem Bruder Aaron, der ihm auf den Befehl Gottes hin entgegengekommen ist (2. Mose/Exodus 4,27–28).
- Biblischer Zusammenhang: Exodus 4,1–23,27–31.

Rabbi Chanoch sprach: »Das eigentliche Exil Israels in Ägypten war, daß sie es ertragen gelernt hatten.« Buber, S. 838.

[1] Der breite Erzählungszusammenhang Ex. 4,27–10,29 gibt einen Eindruck davon, wie Israel den entscheidenden Augenblick seiner an merkwürdigen und wunderbaren Ereignissen reichen Geschichte sich in späteren Zeiten immer ausführlicher vergegenwärtigt hat. Alle Kenntnis von speziell in Ägypten sich von Zeit zu Zeit einstellenden Naturkatastrophen werden von den späteren Erzählern zu »einer atemlosen Kumulation von ins Ungeheuere gesteigerten außergewöhnlichen Begebenheiten« verdichtet (Martin Buber, ›Mose‹, in: Werke Bd. 2, Hegner-Verlag 1964, S. 74 ff.). Im »Fragelied« der Pessach-Haggada, dem Passah-»Andachtsbuch« der jüdischen Familie, wird dieser Erzählungszusammenhang noch weiter ausgeschmückt.

- Bild 11
- Bible 29 / WVZ Nizza 285 –
- Mose und sein Bruder erscheinen vor Pharao und fordern von ihm die Freiheit für das Volk Israel (2. Mose/Exodus 5,1–4).
- Biblischer Zusammenhang: 2. Mose/Exodus 5–11.

Der Koschker sprach: »Wenn ein Mensch ein Gesicht macht vor einem Gesicht, das kein Gesicht ist, das ist Götzendienst, Buber, S. 793.

Alles ist möglich, aber muß erst getan werden: wenn Gott die Kraft gibt, ist es Sache des Menschen, sie von Ihm in Empfang zu nehmen; Vollkommenheit ist nicht angeboren. Wiesel, S. 32.

[1] *Der Pharao.* Das Bild kann fast als Illustration des ›persona‹-Begriffs gelten, mit dem C. G. Jung das Verhältnis von Individuum und Institution in der Amtsrolle beschreibt.
Dem gegenüber steht Mose hier nicht als der »engagierte Mensch«, sondern als der Künder, der den Willen Gottes kundtut, weder aus eigenem kritischen Impuls – wie die gesamte biblische Überlieferung (und, man wird ergänzen: Erfahrung Israels) versichert – noch auf Grund der Zugehörigkeit zu einer Institution – wie auch die späteren bekannten Propheten immer betont haben, daß sie nicht Prophetenschüler bzw. -beamte seien (Amos 7, Jesaja 6, Jeremia 2).

- Bild 12
- Bible 31 / WVZ Nizza 287 –
- Mose bringt die Finsternis über Ägypten (2. Mose/Exodus 10,21–23).
- Biblischer Zusammenhang: 2. Mose/Exodus 7–10.
- Botschaft der Bibel, Dia 21, Kommentar S. 57.

Einige Tage vor seinem Tode murmelte Rabbi Wolf: »Ich sehe ... Ein Tag wird kommen, den ich fürchte. Die Welt wird ihr Gleichgewicht verlieren und der Mensch seinen Verstand ... Ein Tag wird kommen, der mich zittern macht. Hörst du mich?«, fragte er seinen Diener. »Ja, Rabbi, ich höre Euch.«
»Ich befehle dir, es unseren Leuten zu sagen. Sag ihnen, daß an diesem Tage niemand sich vor Zweifel und Furcht wird schützen können. Niemand wird verschont bleiben an diesem Tag, nicht einmal Menschen wie du und ich. Wir werden in unserm tiefsten Inneren suchen müssen, um den Funken zu entdecken.« Wiesel, S. 87.

Aus einer anderen Notsituation stammen die vergleichbaren christlichen Verszeilen:

In meines Herzens Grunde dein Nam' und
Kreuz allein funkelt allzeit und Stunde,
des will ich fröhlich sein.
(Evangelisches Kirchengesangbuch 318.)

[1] *Väter:* vgl. beispielsweise Amos 5,18–20; 9–10: Jes. 5,30b; Jes. 9,1.
[2] *Väter:* Das Zeugnis der biblischen Verfasser, das schon von den frühen Entwürfen her universalgeschichtlich denkt (1. Mose/Gen. 12,1–3: ›... alle Völker der Erde‹), hatte alle Ereignisse der ihm bekannten Geschichte im Zusammenhang gesehen mit dem Handeln Jahwehs an Israel: Wie Jahweh hier ein Volk aus der Versklavung unter Menschen befreit hat, so ist die ganze folgende Weltgeschichte verstanden als ein Raum von politischen Entscheidungen und Ereignissen, die nur sinnvoll interpretiert werden können, wenn sie auf diesen ›Plan‹ Gottes hin, auf diese Sinngebung hin, durchschaut werden. Die Bedrohung Israels, dieser ›Zelle einer neuen Welt- und Menschengemeinschaft‹, durch Staaten oder Weltmächte kann z.B. als Gerichtshandeln Jahwehs wegen der ›Untreue Israels‹ verstanden werden (Jes. 5,26–30), oder als die Beauftragung mit einem für die anderen Völker stellvertretend zu erduldenden Leiden (Jes. 52f.).
[3] *Der Name* vgl. Anm. 7 zur ›Einführung‹.
[4] *Väter* Ex. 10,28.

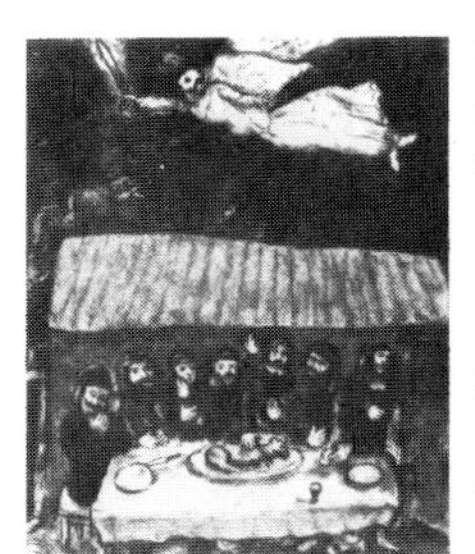

- Bild 13
- BIBLE 32/WVZ Nizza 288 –
- Die Israeliten essen, während der Todesengel durch Ägypten geht, das Passahlamm (2. Mose/Exodus 12,11–14).
- Biblischer Zusammenhang: 2. Mose/Exodus 12 und 13.
- Botschaft der Bibel, Dia 22, Kommentar S. 58.

Rabbi Levi-Jizchak von Berditschew am Passahabend: »Heute abend gedenken wir des Auszuges aus Ägypten. Vier Söhne befragen, dem Brauch gemäß, ihren Vater über den Sinn dieses Ereignisses. Nicht vier, nur drei: der vierte kennt nicht einmal die Frage. Dieser vierte, das bin ich. Fragen, Herr, habe ich so viele. Aber ich weiß nicht, wie ich sie stellen soll. Außerdem weiß ich, daß ich es nicht wagen werde. Und ich frage dich auch nicht, warum wir überall und unter allen möglichen Vorwänden verfolgt und hingeschlachtet werden; aber ich möchte wenigstens wissen, ob du es bist, für den wir leiden.« Wiesel, S. 107.

- Bild 14
- Wand aus neunzig Kacheln (3,07 × 2,13 m) in der Wallfahrtskirche Notre Dame de Toute Grâce, Plateau d'Assy (1956) – Die Keramik trägt am unteren Bildrand die Widmung ›Im Namen der Freiheit aller Religionen‹.
- Biblischer Zusammenhang: 2. Mose/Exodus 13–15.
- Botschaft der Bibel, Bild 10/11 und Dia 23, Kommentar S. 35–40, 59.

Der Maggid von Kosnitz sprach:
»Der Mensch muß aus Ägypten ausziehen, jeden Tag.« Wiesel, 123.

[1] Im biblischen Text sagt Gott: »Ich will mich *verherrlichen* an dem Pharao« Ex. 14,4, 17, 18. Das so übersetzte hebräische Verb entspricht dem Wort Kabod: Lichtglanzherrlichkeit und könnte übersetzt werden: »Ich will den Pharao mit meinem Licht konfrontieren.« (Vgl. dazu die Anmerkung 9 zur Einführung.)

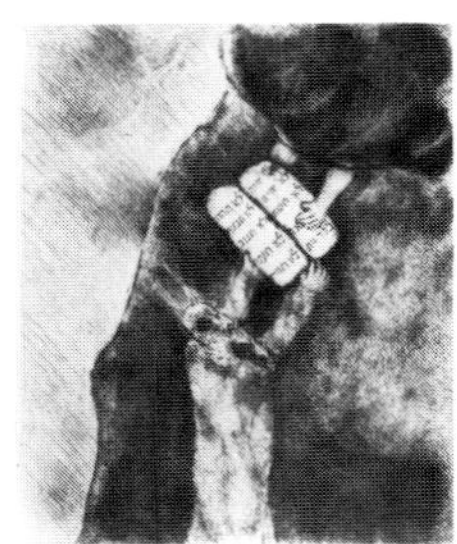

- Bild 15
- BIBLE 37/WVZ Nizza 293 –
- Mose empfängt am Sinai die Tafeln des Gesetzes aus den Händen Gottes (2. Mose/Exodus 24,15–18).
- Biblischer Zusammenhang: 2. Mose/Exodus 19–20 und 24.
- Botschaft der Bibel, Bild 12 und Dia 24, Kommentar S. 40–44 und 61.

Vor seinem Tode sprach Rabbi Hirsch von Rymanow Mal um Mal die Worte aus dem Gesang Moses vor sich hin: »Ein Gott der Treue und kein Harm.« Dann sagte er: »Das ist die Quintessenz der heiligen Thora, zu wissen, daß er ein Gott der Treue ist und daß also kein Harm geschieht. Ihr mögt fragen: ›Wenn dem so ist, wozu dann die ganze Thora? Es würde doch genügen, Gott hätte am Sinai den einen Vers gesagt!‹ Die Antwort ist: kein Mensch kann dies Eine erfassen, ehe er die ganze Thora gelernt und geübt hat.« Buber, S. 606.

[1] *Gebote:* Jahrhundertelang hatte sich christliche Auslegung der Schrift von dem dogmatischen Vorverständnis bestimmen lassen, das Alte Testament zeige das Gesetz, die Forderung, den Gott des Zornes und der Strafe; während das Neue Testament das Evangelium, die Rettung, den Gott der Hilfe und der Liebe zeige. Dementsprechend wurde der ›alttestamentliche Mensch‹ als der sich unter der Last von Gesetzesforderungen quälende, unerlöste dem ›neutestamentlichen Menschen‹ gegenübergestellt, der, durch das Evangelium befreit, als ›neue Kreatur‹ Gottes Willen froh erfüllen könne.
Erst die alttestamentliche Forschung der letzten zwei Generationen hat dieses Mißverständnis korrigiert: Durchweg hat Israel sich vom ›Evangelium‹, von der befreienden Tat des Gottes her verstanden, der Skaven aus der Knechtschaft befreit und sie erwählt hat zum Bundesvolk, das aus Liebe und Dankbarkeit zum errettenden Herrn SEINEN Auftrag erfüllen soll.
Das zeigt in exemplarischer Deutlichkeit auch die Einleitung in den Dekalog, wo Jahwe sich zunächst als der Heiland Israels vorstellt: ›Ich bin Jahwe, dein Gott, der ich dich aus dem Sklavenhause Ägypten herausgeführt habe‹. So ist Gott dem Volk bekannt, so stellt sich Gott dem Volk vor, der nun dem Volk die neue Lebensordnung vorträgt.

Luther hatte sich nicht gescheut, dieses ›Evangelium‹ aus den Zehn Geboten, wie er sie für seinen Kleinen Katechismus aus der Tradition übernahm, herauszulassen – auch aus Gründen seiner voraussetzungsvollen Lehrmeinung.
Heute aber »fällt auf den folgenden Dekalog ein ganz anderes Licht, als das gewöhnlich in der christlichen Verkündigung geschah und geschieht: 1. Er ist ein Geschenk des Erlösergottes, nicht ... eine den Menschen eingrenzende und unterjochende Last des »obersten Herrn und Gebieters«. Nur der ›Heidelberger Katechismus‹ (16. Jh.) wird dieser Tatsache gerecht, indem er die zehn Gebote unter dem Abschnitt ›Von der Dankbarkeit‹ vorlegt. 2. Die ›Werke‹, die vom Menschen in der Erfüllung der Gebote geleistet werden, schaffen und bewirken nicht das Heil, sondern sie halten den Menschen in der bereits von Gott gewährten Heilssphäre. Der Streit um das Verhältnis von ›Gnade und Werken‹ ist in der Bundescharta Israels bereits im voraus gelöst« ... »Darum ist es geradezu fällig, daß in der Verehrung eines solchen Gottes seine radikale Zuwendung zum Menchen tätig mitverehrt wird. Dies zu verkünden, ist die Funktion der weiteren Weisungen des Dekalogs.« (Alfons Deissler, Ich werde mit dir sein, a.a.O., S. 27.)
[2] Die Zählung der Gebote geschieht deshalb hier nach der Bibel bzw. dem Heidelberger Katechismus. Das 3. Gebot ist bei Luther und im Katholischen Katechismus das 2.; das 4. entsprechend das 3., das 10. wird in 9. und 10. aufgeteilt.

- Bild 16
- Ölbild, Mose zerbricht die Gesetzestafeln, Wallraf-Richartz-Museum, Köln, 1955/56.
- Biblischer Zusammenhang: 2. Mose/Exodus 19 und 20 und 24,32–34.
- Botschaft der Bibel, Dia 25, Kommentar S. 62.

Alle stehen zu jeder Zeit am Sinai. Die einen sagen zu Gott: Laß hören, wir tun's; die andern: Wir tun's, laß hören. Das ist der Unterschied.
Die einen wollen sich anhören, was ihnen zugemutet wird, wollen sich darüber vielleicht Gedanken machen und werden – Einwände finden oder das Tun vergessen.
Die anderen vergessen nicht die schreckliche Zeit ihrer Versklavung und sind mit all ihrer Dankbarkeit, Liebe und Hingabe auf das Neue ausgerichtet, das der Befreier-Gott offenbar gemacht hat. Sie werden alles tun, was er von ihrer Mithilfe erwartet, er braucht nur noch zu sprechen. Nach Buber, S. 308, 446, 762.

[1] *Nur einige:*
Durchgehend findet sich in den Texten der hebräischen Bibel das Wissen darum ausgesprochen, daß nur ein ›Rest‹ aus dem Volk die Erwählung bewährt, daß die meisten sich abwenden, ›abfallen‹. Vgl. dazu schon das Motiv des ›Murrens‹ in der Wüste (Ex. 16; 17; 32, bes. die Verse 9 f.), der Restgedanke bei den Propheten, besonders bei Jes. 1,4–9; 6,9–13; 7,18–25 u.ö.
[2] Vgl. hierzu auch Chagalls Bilder zum Hohen Lied in: Biblische Botschaft, Bild 13–17, Kommentar S. 45 ff. und Hellmut Gollwitzer, Das Hohe Lied der Liebe, Kaiser-Verlag, München, 1978.
[3] Buber: Die Erzählungen der Chassidim, Manesse-Verlag, 1949, S. 785.
[4] Elie Wiesel: Chassidische Feier, Europa-Verlag, Wien, 1974, S. 43 f.
[5] Evangelisches Kirchengesangbuch 293,3.

- Bild 17
- BIBLE 41/WVZ Nizza 297 –
- Mose stirbt mit dem Blick auf das verheißene Land, das er nicht betreten durfte (5. Mose/Deuteronomium 34,1–5).
- Biblischer Zusammenhang: 5. Mose/Deuteronomium 34

Vor dem Ende sprach Rabbi Sussja: »In der kommenden Welt wird man mich nicht fragen: ›Warum bist du nicht Mose gewesen?‹ Man wird mich fragen: ›Warum bist du nicht Sussja gewesen?‹« Buber, S. 394.

Rabbi Mendels letzte Worte vor dem Tod: »Endlich werde ich ihn von Angesicht zu Angesicht sehen.« Wiesel, S. 229.

[1] Buber: Mose, in: Werke, Hegner-Verlag 1964, Bd. 2, S. 9 ff.
[2] 2. Könige 2.
[3] Markus 9.

- Bild 18
- BIBLE 54/55/WVZ Nizza 310, 311.
- Simson tötet einen jungen Löwen / Simson, der sich in Gaza bei einem Dirnenmädchen zu lange aufgehalten hatte und dem von den Einwohnern, die ihn töten wollten, aufgelauert wird, hebt die Stadttore aus den Angeln, nimmt sie auf seinen Rücken und bringt sie auf eine Berghöhe (Richter 14, 5–6; 16,1–3).
- Biblischer Zusammenhang: Richter 13–16.

Ein Chassid verklagte einst vor Rabbi Wolf einige Leute, daß sie ihre Nächte beim Kartenspiel zu Tagen machten. »Das ist gut«, sagte der Zaddik. »Wie alle Menschen, wollen auch sie Gott dienen und wissen nicht wie. Aber nun lernen sie sich wach halten und bei einem Werk ausharren. Wenn sie darin die Vollendung erlangen, brauchen sie nur noch umzukehren – und was für Gottesdiener werden sie dann geben!« Buber, S.272.

- Bild 19
- BIBLE 85/WVZ Nizza 341 –
- Das von Elia dargebrachte Brandopfer wird durch ein Feuer Gottes verzehrt (1.Könige 18,36–38).
- Biblischer Zusammenhang: 1.Könige 17–21.

Rabbi Baruch sprach: »Nicht das war das große Werk Elijas, daß er Wunder tat, sondern daß, als das Feuer vom Himmel fiel, das Volk nicht vom Wunder redete, sondern alle riefen: ›Der Herr ist Gott!‹« Buber, S. 186.

Als Kind stellte ich ihn mir mächtig und unbesiegbar vor, als einen Verteidiger der Schwachen, einen Rächer der Bedrängten, bereit, alles aufs Spiel zu setzen und alles zu verlieren, auf daß Gerechtigkeit werde und die Wahrheit triumphiere. Er war mein Held und ist es auch heute noch. Oft, wenn ich an meine Ursprünge denke, versuche ich, mich seiner Lieder zu erinnern, mir seine Plädoyers ins Gedächtnis zu rufen. Er ist es, der einem einfällt, wenn man jemanden braucht, der sich zwischen Verfolgte und Verfolger, zwischen den Bedrängten und den Tod stellt. Wiesel, S.90.

[1] Von Zeit zu Zeit geraten die Elia-Geschichten wegen ihrer scheinbar mangelhaften Humanität oder ihrer scheinbaren Widersprüchlichkeit zur Bergpredigt Jesu in das Abseits theologischer Reflektion.

Es ist sicher gut, sich anhand der Naboth-Geschichte (1.Kön. 21) zu verdeutlichen, daß hier eine totale Korrumpierung des Jahwerechts, von dem Israel seine Erwählung, seinen Auftrag für alle Völker der Erde her verstand, schon weit um sich gegriffen hatte. Es geht »um die bedingungslose Gültigkeit des Gottesrechtes, vor dem alle gleich sind und dem auch ein König unterstellt ist. Wir tun hier einen Blick in das Widereinander zweier Rechtsauffassungen. Der sehr viel willkürlicheren absolutistischen Auffassung von den Rechten und Befugnissen eines Königs, die für kanaanäische Stadtkönige charakteristisch war, steht die in gewissem Sinn demokratische, jedenfalls viel strengere israelitische Auffassung gegenüber, nach der Recht und Besitz und vor allem das Leben des einzelnen ohne Unterschied der Person vor Gott als geschützt galten ...« (G.v.Rad, Theologie des Alten Testaments, Bd. 2, 1960, S.35.)

Hier manipulieren Herrscher ihre absolute Machtstellung über ihre Untertanen mit einer Scheinlegitimation durch den Hinweis auf die *natürlichen* Mächte von Blut, Boden, Fruchtbarkeit und Scholle (Baals-Götter). Das Jahwerecht, vor dem jeder Israelit, einschließlich dem König, gleich unmittelbar zu Jahwe ist, wird aufgehoben. »... die Zersetzung der alten Vorstellungen von Jahwe, von der Besonderheit seiner Verehrung und von seinem Rechtswillen war eine schleichende« (a.a.O.29). »Elia mußte das Volk erst mit Riesenkräften in eine Entscheidung hineindrängen, wo noch kein Mensch eine Notwendigkeit dazu sah« (a.a.O.30). »Dieses Ende des Jahweglaubens, das Elia vor sich sieht, ist doch der eigentliche Grund ...« (a.a.O. 32).

Wenn Bonhoeffer den aktiven politischen Widerstand gegen den fordert, der einen Wagen in voller Fahrt in eine Menschenmenge hineinsteuert, oder wenn Jesus gegen bestimmte Gruppen Verfluchungsstrafen durch das ewige Feuer, wo ›Heulen und Zähneklappern‹ sein wird, herabruft, liegen diese Äußerungen in derselben Linie des Handelns eines Elia.

[2] Es kann Zeiten geben, so zeigt die Eliageschichte, in denen die Humanität nur durch Gewalt zu retten ist, in denen das Recht auf die Hilfe der Macht angewiesen ist. Unter diesem Gesichtspunkt könnte es eher bemerkenswert erscheinen, daß diese Geschichte fast singulär im Alten Testament ist, daß die Schriftpropheten alles der Wirkung ihrer Verkündigung überlassen, daß sie darauf setzen, Jahwe werde durch sein Wort wirken.

- Bild 20
- BIBLE 85/WVZ Nizza 346 –
- Der künftige Frieden und das Königreich Jerusalems nach der Prophetie des Jesaja (Jes. 2,1–5).
- Biblischer Zusammenhang: 2.Sam. 7,1–16; Ps. 2; 72; Jes. 9,1–6.

[1] ›1. Die große Stadt Davids, in der Frieden, Gerechtigkeit und Freude war, ist zertrümmert. Unsere große Stadt, in der Platz für alle war, in der es keine Slums gab und keine Ghettos – die Stadt, in der wir uns freuen konnten, in der das Leben durch die Straßen pulsierte, in deren Anlagen wir uns grüßten – sie ist zertrümmert, und niemand lacht mehr. – Aber es wird der kommen, der nicht vergessen hat, der einen neuen Grundriß zeichnet und den erlöschenden Lebensmut wieder entfacht.

2. Er wird Weisheit und Einsicht haben. Er wird Gottes Weg wissen und Kraft haben, ihn zu gehen. Mut wird er haben, um neue Möglichkeiten zu entdecken und durchzusetzen. Selbst hat er sich das nicht ausgedacht, denn er orientiert sein Tun an dem, der die Stadt so werden ließ, wie sie am Anfang war: an Gott.

3. Er sorgt, daß alle Menschen zurechtkommen werden. Er mißt den glänzenden Fassaden keinen letzten Wert zu, und auf Propaganda kann er verzichten.

4. Er hilft den Armen, daß auch sie endlich zu ihrem Recht kommen, und den Unterdrückten gibt er das Recht zurück. Dabei wird er die Gewalttätigen durch

die Macht seiner Worte überwinden und die Eigensüchtigen durch Überzeugung zu brennender Liebe entfachen.

5. Gerechtigkeit gibt seinem Auftreten die Straffheit, und die Festigkeit seines Schrittes erinnert an die Festigkeit, mit der er zu dem steht, was er verspricht.

6. Er wird kommen – dann wird es soweit sein: Die sich vorher in täglichem Kleinkrieg bedrohten, wohnen unter einem Dach – Tür an Tür; die streitenden Nachbarn besuchen sich nun. Nach dem hilflosen kleinen Kind bücken sich sogar die Halbstarken. Auf den Hilferuf des Schwachen halten die glänzenden Autos, und jede Dienstleistung richtet sich nach dem Bedürftigen. Die ehemals Bevorzugten und vordem Umworbenen haben ein neues Ziel: vordem Zurückgesetzte und ehemals Verachtete.

7. Die Grenze zwischen Villenviertel und Arbeitersiedlung ist gefallen. Auf dem gepflegten Privatrasen spielen die Kinder von allen. Unter den Erwachsenen beneidet sich keiner.

8. Die Behinderten vergessen die Angst an den Gefahrenstellen, weil man sich um sie kümmert. Verbotsschilder sind überflüssig, weil man aufeinander achtet, und Unfalltote sind aus dem Stadtbild verschwunden.

9. Nirgendwo wird man sich von dieser Ordnung trennen. Keiner wird sie durchbrechen, überall wird Friede sein. Jeder hat die Macht der Liebe erfahren und erkannt. – In jedes Haus, in jeden Garten, in jedes Büro und an alle Arbeitsplätze ist es gedrungen:

10. Es ist der gekommen, der nicht vergessen hat, der einen neuen Grundriß zeichnet und den erloschenen Lebensmut wieder entfachte. Städte und Länder der ganzen Welt sehen auf dieses Modell. Delegationen kommen und wollen Erfahrungen sammeln in dieser herrlichen Stadt. – Die dort wohnen, kennen ihre große Verantwortung für die fragende und suchende Welt.
Darum wird keiner diese gute Ordnung durchbrechen.‹

Übertragung des Textes Jesaja 10,1–10 von Renate Gozdowsky in: Werkbuch Weihnachten, Jugenddienst-Verlag, 1972, S.35f.

- Bild 21
- Bible 102/Nizza 358 –
- Jeremia von den Leuten des Königs Zedekia in einen Brunnen geworfen (Jeremia 38,4–6).
- Biblischer Zusammenhang: Jeremia 37–39.

»Wo wohnt Gott?« –
Mit dieser Frage überraschte der Koschker einige gelehrte Männer, die bei ihm zu Gast waren. Sie lachten über ihn: »Wie redet Ihr! Ist doch die Welt seiner Herrlichkeit voll!«
Er aber beantwortete die eigene Frage: »Gott wohnt, wo man ihn einläßt.« Buber, S.785.

- Bild 22
- Bible 101/WVZ Nizza 357 –
- Einnahme Jerusalems durch Nebukadnezar gemäß der Prophetie Jeremias (Jeremia 21,4–7).
- Biblischer Zusammenhang: 2.Kön. 24; 25; Jer. 39; 40.

Rabbi Leib, der Großvater von Spola, setzte sich für das Volk ein und verteidigte es selbst gegen Gott ... »Wenn du glaubst, dein Volk durch Leiden wieder zu dir zurückführen zu können, dann schwöre ich dir, ich, Leib, der Sohn Rachels, daß es dir nicht gelingen wird. Warum also damit fortfahren? Rette deine Kinder durch die Freude, erlöse sie: Du hast dabei nichts zu verlieren und alles zu gewinnen.«

Das Hauptthema ist immer dasselbe: Der Mensch ist es sich schuldig, nicht in Verzweiflung zu fallen; er soll eher auf Wunder hoffen als resignieren. Wenn er sich selbst ändert, kann er die Welt ändern, die ihn umgibt, die sein Schicksal bestimmt. Wiesel, S.50 und S.42.

[1] *Unsere Väter:* Jeremia 26,1–6.

[2] ›Die Antike opfert; sie hat den Tempel, und sie hat das Priestertum, um das Opfer vorzunehmen. Und sie steht im Zeichen der Bodengebundenheit des Tempels. Das ist etwas ganz Entscheidendes. Wegen dieser Bodengebundenheit des Tempels droht dem in Kanaan verwurzelten Judentum der Untergang, als die Stunde des babylonischen Exils schlägt und der Tempel zerstört ist ... Aber nun gelingt es im babylonischen Exil, eine neue Form des Gottesdienstes aufzubauen. Schon im babylonischen Exil wird die Synagoge geschaffen, der reine Wortgottesdienst: die Vorform oder dasselbe, was dann als Kirche oder Moschee die Säule des Christentums einerseits und des Islams andererseits wird. Zu denselben Stunden, in denen im Tempel das Opfer dargebracht wird, versammeln sich die Verbannten, und es entsteht die Predigt und das eigenständige Gebet, sowie der Psalter, das klassische erste Gesangbuch und Gebetbuch einer Religionsgemeinde ... Aber zum ersten Mal wird eine Gottesdienstform geschaffen, die auf ausnahmslos jedem Boden in derselben Weise bewährt werden kann, als Kirche, als Moschee, als Synagoge. ... nach dem Jahr 70, als die Römer nun zum zweiten Mal und endgültig den Tempel zerstört hatten, und der Schüler seinen Lehrer, den großen Jochanan ben Sakkai, im Anblick der rauchenden Trümmer fragt: »Wie haben wir ohne das Opfer künftig Versöhnung?« Jochanan antwortet: »Wir haben sie weiter, dank den Taten der Liebe.« ... Aber weshalb war es möglich, vom Tempel zur Synagoge überzugehen? Weshalb war es tatsächlich möglich, den Gottesdienst des Opfers durch den reinen Wortgottesdienst zu überwinden? Weil die arché des Judentums die Wüste war und ist, nicht das Land

Kanaan, nicht Palästina. Das jüdische Volk geht nicht aus der geschichtlichen Konstellation einer Geographie, eines geographischen Bereichs hervor, sondern gründet nach dem Exodus aus Ägypten und aus jeder irdischen Landschaft überhaupt in dem Bundesschluß in der Wüste ...‹.
(Hermann Levin Goldschmidt: Der jüdische Geschichtsweg als weltliches Zeugnis von Gott, in: Weltgespräch Bd. 1, S. 29 f., Herder-Verlag 1967.)

- Bild 23
- BIBLE 99/WVZ Nizza 355 –
- Der Prophet Jesaja beim Empfang göttlicher Eingebung (Jesaja 64,6–11).
- Biblischer Zusammenhang: Jes. 40–66.

Der Gottesname JHWH, gesprochen: ›Adonaj – mein Herr‹ oder als Anrede: ›DU‹, darf nicht mißbraucht werden, indem der Mensch durch Wünsche oder aus der Macht der Gewohnheit sich ein Bild, eine umrissene Vorstellung davon macht, was Gott ist. – Der Koschker zu seinen Schülern (nach Buber, S. 787): »Die Thora warnt uns, aus irgendeinem Ding, das der Herr unser Gott uns geboten hat, ein Götzenbild zu machen« – auch nicht aus Seinem Namen, den er uns geboten hat.

Der Maggid von Mesritsch sprach:
»Der Mensch muß zu Gott schreien und ihn Vater nennen, bis er sein Vater wird.« Buber, S. 200.

»Der Vater im Himmel kann uns nur Vater *werden.*«
(Ernst Fuchs, Hermeneutik, 1958, S. 218.)

[1] Historisch hat der jüngere Jesaja nach der Zerstörung Jerusalems im babylonischen Exil gewirkt. Den eigentlichen Namen des Propheten, dessen Texte in Jesaja 40–45 zu finden sind, kennen wir nicht. Da seine Texte in manchen an die des Propheten Jesaja erinnern, der 150 Jahre früher gesprochen hatte, und da sie auf den freien Platz der Jesajarolle mit aufgeschrieben waren, hat man seine Texte immer zu Jesaja gerechnet und ihm schließlich den Namen Deutero-Jesaja gegeben.
[2] »... Wie ist nach Auschwitz ein jüdisches Leben möglich? Ich möchte diese Frage richtiger fassen: Wie ist in einer Zeit, in der es Auschwitz gibt, noch ein Leben mit Gott möglich? Die Unheimlichkeit ist zu grausam, die Verborgenheit zu tief geworden. ›Glauben‹ kann man an den Gott noch, der zugelassen hat, was geschehen ist, aber kann man noch zu ihm sprechen? Kann man ihn noch anrufen? Wagen wir es, den Überlebenden von Auschwitz, dem Hiob der Gaskammern, zu empfehlen: ›Rufet ihn an, denn er ist gütig, denn ewig währt seine Gnade‹?
Aber wie ist das mit Hiob selber? Er klagt nicht nur, er klagt Gott an, daß er ihm ›sein Recht beseitigt habe‹, daß also der Richter der ganzen Erde wider das Recht handle. Und er empfängt von Gott eine Antwort. Aber was Gott ihm sagt, beantwortet die Anklage gar nicht, es berührt sie gar nicht; die wahre Antwort, die Hiob empfängt, ist die Erscheinung Gottes allein, dies allein, daß die Ferne zur Nähe sich wandelt, daß ›sein Auge ihn sieht‹, daß er ihn wiedererkennt. Nichts ist erklärt, nichts ausgeglichen, das Unrecht ist nicht Recht geworden und die Grausamkeit nicht Milde. Nichts ist geschehen, als daß der Mensch wieder Gottes Anrede vernimmt.
Das Geheimnis ist ein Rätsel geblieben, aber es ist ihm, dem Menschen, zu eigen geworden.
Und wir? Was ist es mit uns? Stehen wir bezwungen vor dem verborgenen Antlitz Gottes, wie der tragische Held der Griechen vor dem antlitzlosen Verhängnis? Nein, sondern wir rechten auch jetzt noch, mit Gott, ... Wir schicken uns nicht in das irdische Sein, wir ringen um seine Erlösung, und wir rufen *rechtend* die Hilfe unseres Herrn, des wieder und noch Verborgenen, an. In solchem Stande harren wir seiner Stimme, komme sie aus dem Sturm oder aus einer Stille, die darauf folgt. Mag seine künftige Erscheinung keiner früheren gleichen, wir werden unseren grausamen und gütigen Herrn wiedererkennen.«
(Martin Buber: Dialog zwischen Himmel und Erde, in: An der Wende, Hegner-Verlag 1952, S. 105 ff.)

- Bild 24
- Kreuzigung mit Familie – Gouache 1955. Städt. Kunstsammlung Ludwigshafen/Rh.
- Biblischer Zusammenhang: Matth. 1–2; Luk. 1–2; Markus 15–16; Röm. 9–11.

»Weißt du, wer den Beschluß des Himmels, eine Katastrophe über unser Volk zu bringen, abgewendet hat?« fragte der Baal-Schem den Rabbi Nachman von Chorodenka. »Ich werde es dir sagen. Weder ich noch du noch die Weisen oder die großen geistigen Führer. Unsere Litaneien, unser Fasten hatten überhaupt keine Wirkung. Eine Frau war es, eine Frau aus dem Volk, die hat uns gerettet. Und höre, wie. Sie kam in die Synagoge und begann zu weinen, während sie halblaut vor sich hin sang: ›Herr der Welt, bist du nicht unser Vater? Warum erhörst du deine Kinder nicht, die zu dir flehen? Ich, siehst du, bin Mutter. Fünf Kinder habe ich. Und wenn sie eine Träne vergießen, bricht mir das Herz. Aber du, Vater, hast so viele Kinder. Alle Menschen sind deine Kinder. Und alle weinen und weinen. Selbst wenn dein Herz aus Stein ist, wie kannst du da gleichgültig bleiben?‹ Und Gott«, so schloß er, »gab ihr Recht.« Wiesel, S. 48.

[1] ›Der Gekreuzigte trägt als *Lendenschurz* einen jüdischen Gebetsschal, kenntlich an den beiden schwarzen eingewebten Streifen und an den lang herunterhängenden Fransen‹. (H.-M. Rotermund: Der

Gekreuzigte im Werk Chagalls, in: Mouseion, Studien aus Kunst und Geschichte für Otto H. Förster zum 65. Geburtstag, DuMont Schauberg.)
Chagall hat den Gekreuzigten verhältnismäßig oft dargestellt. Entweder, wie hier, mit der INRI-Tafel oder ohne dieses Attribut, aber fast ausnahmslos hat er ihn dadurch abgehoben von der christlichen Bildtradition, daß er ihn nicht mit Dornenkrone und nicht mit dem weißen Lendenschurz, sondern mit dem Tallis, dem jüdischen Gebetsschal, bekleidet. Es gibt auch Bilder mit mehreren Gekreuzigten: hingemordeten Juden in einer der »Witebsker« Straßen während des Zweiten Weltkrieges.
Der Gekreuzigte, Jesus von Nazareth, wie ihn schon die frühe Gemeinde aus der Prophetie Deuterojesajas (bes. die Kapitel Jes. 42 und 52f. und Ps. 22) heraus als den leidenden Gottesknecht verstanden hat, scheint bei Chagall als eines der bedeutendsten Bilder für das verfolgte, mit Leiden überschüttete jüdische Volk zu stehen.

Das ist nicht verwunderlich, da seit rd. hundert Jahren eine starke Bewegung unter jüdischen Gelehrten, Rabbinern, Schriftstellern und Dichtern zu beobachten ist, die Jesus für einen der Größten ihres Volkes halten und ihn in zahllosen ›Jesus-Büchern‹ heimholen in ihr Volk, nachdem der zweitausendjährige Graben zwischen Juden und Christen an vielen Stellen zugeschüttet ist und nachdem die Juden durch ihre Heimstatt Israel nicht mehr in der Verfolgungssituation leben.

Anhang

Hinweise auf Bildserien, Bibeln, Kontexte, Lieder, Hörspiele

Die Gespräche vor Bildern Chagalls mit unterschiedlichen Lerngruppen können auf vielfache Weise vorbereitet werden:

- Der biblische Hintergrund und Zusammenhang eines Bild-Themas kann gerade durch ungewöhnliche Bibelübersetzungen ganz neu erlebt werden.
- Texte aus der chassidischen Welt können als Belegstellen für Chagalls Auffassungen hilfreich sein.
- Bilder verschiedener Künstler können im Vergleich zu Chagall zu Entdeckungen führen, die anders kaum sich eingestellt hätten.
- Realphotos können die Biblische Botschaft Chagalls mit Problemsituationen unserer Alltagswelt konfrontieren.
- Kontexte können Kindern entweder als Lektüre zu biblischen Bildern gegeben und empfohlen werden, oder sie können Chagalls Bilder in den Zusammenhang von Lebensfragen unserer Zeit rücken.
- Lieder oder Instrumentalmusik können das Betrachten oder das Gespräch emotional vertiefen.
- Hörspiele zu biblischen Texten können die Bildvorgänge dramatisch verlebendigen.
- Schließlich soll der Text S. 67ff. (der große Geschichtszusammenhang) zeigen, wie auch die Bilder dieses Buches zu ganz bestimmten Bildfolgen arrangiert werden können, je nach Erfordernis.

Die folgende Zusammenstellung von Materialien, die im Handel erhältlich sind, soll den Leser auf Hilfen hinweisen, die uns für einen methodisch abwechslungsreichen Umgang mit den Bildern Chagalls nützlich waren.

Bildserien:

Marc Chagall – Botschaft der Bibel, Kassette mit 24 Dias der Farbbilder in Nizza und Kommentar dazu von Christoph Goldmann. Burckhardthaus- und Christophorus-Verlag 1976

Jüdische Feste und Riten. Tonbildserie, hrsg. von Marianne Timm. 120 Farbdias, Begleitheft, Tonband, Institut für Film und Bild in Wissenschaft und Unterricht, München, 1977. Nr. 140030–34 und 150030–34

Exemplarische Bilder I und II, hrsg. v. Wolfgang Dietrich, Jede Mappe mit 48 Bildblättern, Kommentar mit Vorschlägen und Anregungen, Christophorus/Burckhardthaus-Verlag

Fotosprache, hrsg. von Gerhard Jost, Mappe mit 48 Fotos, didaktischen Stichworten und Diskussionsanstößen, 1974, Burckhardthaus/Christophorus-Verlag

HAP Grieshaber – Sintflut, Kassette mit sechs Dias und Kommentar dazu von Jürgen Schwarz, Burckhardthaus- und Christophorus-Verlag 1976

Walter Habdank – 24 Holzschnitte zur Bibel, Kösel-Verlag 1978

Bilder zum Kirchenjahr – Dias mit Interpretationen, Benziger-, Christophorus-, Burckhardthaus-Verlag 1977ff.

Thomas Zacharias – Farbholzschnitte zur Bibel, Wandbilder – Dias – Interpretationen – Meditationen auf Schallplatte – Handbilder in Klassensätzen. Kösel-Verlag 1975ff.

Bibeln (vgl. hierzu das in der Anm. 1 zur ›Einführung‹ Gesagte):

Buber/Rosenzweig: Die fünf Bücher der Weisung – Die Bücher der Geschichte – Die Bücher der Kündung – Die Schriftwerke, Verlag Jakob Hegner, 1954–1962

Pokrandt/Herrmann: Elementarbibel, Kaufmann- und Kösel-Verlag 1974ff.

Jörg Zink: Das Alte Testament, Kreuz-Verlag 1966

Die neue Lutherbibel (revidierter Text), Ev. Bibelwerk 1978

Kontexte – Belegtexte

Buber, Martin: Die Erzählungen der Chassidim, Manesse-Verlag 1949

Buber, Martin: Der Weg des Menschen nach der chassidischen Lehre, Lambert Schneider-Verlag 1971

Chagall, Bella: Brennende Lichter, Rowohlt-Verlag 1966

Schubert-Christaller: In deinen Toren, Jerusalem, Eugen Salzer-Verlag 1964

Wiesel, Elie: Chassidische Feier, Europa-Verlag 1976

Wouk, Herman: Er ist dein Gott, W. Krüger-Verlag 1961

Kontexte – Kontrast- und Vergleichstexte

Berg, Sigrid: Kurze literarische Texte für den Religionsunterricht Bd. I und II, Calwer- und Kösel-Verlag 1971. 1972

dies.: In den Sand geschrieben, Calwer- und Kösel-Verlag 1974

Bolliger, Max: Joseph; Mose; David; Daniel. Ravensburger Taschenbuch Nr. 94; 231; 46; 133

Cardenal, Ernesto: Das Buch von der Liebe: Neufassung biblischer Psalmen, GTB-Siebenstern-Taschenbuch 490

Erzählbuch zur Bibel, hrsg. von Walter Neidhart und Hans Eggenberger, Benziger- und Kaufmann-Verlag 1975

Hahn, Friedrich: Bibel und moderne Literatur – Große Lebensfragen in Textvergleichen, Quell-Verlag 1973

ders.: Mittelpunkt Mensch – Große Lebensfragen im Spiegel von Literatur und Theologie unserer Zeit, Quell-Verlag 1975

Halbfas, Hubertus: Das Menschenhaus – Ein Lesebuch für den Religionsunterricht, Benziger-, Calwer-, Patmos-Verlag 1971

Höck, Wilhelm: Weltliche Erzählungen von Gott in der modernen Literatur, Pfeiffer 1972

Lesebuch für den Religionsunterricht Bd. I und II, hrsg. von Markus Hartenstein, Calwer- und Kösel-Verlag 1969

Spangenberg, Dietrich: Der Stein der tanzenden Fische, Gütersloher Taschenbuch 205, 1977

Steinwede, Dietrich: Was ich gesehen habe. Themat. Bibelerzählungen, Vandenhoeck & Ruprecht 1976

ders.: Das Hemd des Glücklichen, Gütersloher Verlagshaus 1976

Timm, Marianne (Hrsg.): Wovon lebt der Mensch, (Vorlesebuch) Bd. 1–2, Vandenhoeck & Ruprecht ^{2}1964

dies.: Die letzte Instanz (Vorlesebuch), Vandenhoeck & Ruprecht ^{2}1970

dies.: Die Stunde des Gewissens (Vorlesebuch), Vandenhoeck & Ruprecht 1964

Vorlesebuch Religion für Kinder von 5 bis 12, Bd. 1–3, hrsg. von Dietrich Steinwede und Sabine Ruprecht, Kaufmann-, Vandenhoeck-, Benziger-, TVZ-Verlag 1971–1977

Liedersammlungen:

Longardt, Wolfgang: Spielbuch Religion, Benziger- und Kaufmann-Verlag 1976

Schneider, Martin G.: Sieben Leben möcht ich haben, Christophorus- und Kaufmann-Verlag 1975 (dazu Schallplatten)

Watkinson, Gerd: 111 Kinderlieder zur Bibel (dazu Schallplatten), Kaufmann- und Christophorus-Verlag 1975

ders.: 9 × 11 Kinderlieder zur Bibel (dazu Schallplatten), Kaufmann- und Christophorus-Verlag 1975

Musik auf Platten zu Chagall-Bildern:

Musik der Bibel in der Tradition althebräischer Melodien, Schwann 1508, ams 88

Adonoi – Adonoi – Die Anbetung der Juden. Schwann ams 2561

Musik aus der Synagoge, Schwann ams 605

Yiddish songs, Oksana Sowiak harmonia mundi hm 20210 12–2

Messiaen, Olivier, Visions de l'amen (Die Schöpfung) hm 25 22 653

Suzanne Haïk Vantoura: Die Musik der Bibel, wiederentdeckt (1975) Harmonia mundi (HMU 989, französische Ausgabe)

Hörspiele zu biblischen Texten:

Was geschah am 6. Tag? / Der Baum der Erkenntnis, Credo LB-A 101,4

Kain, wo ist dein Bruder? / Der unvollendete Turm, Credo LB-A 101,1

Samuel/Saul/David, Credo LBK–E 14

Natan/David, Credo LBK–105,2

Wo ist Elia? / Elisa, Credo LB–A 105,5

Der Störenfried – Amos, Credo LB–A 105,4

Der Mann Jona/Jeremia, Credo LB–A 205,1

Daniel in der Löwengrube, Credo LBK–E 7

Heiner Michel: Wie wir das letztemal Passah feierten. Ausleihe durch religionspädagogische Arbeitsstelle Franziuseck 4, 28 Bremen 1

Interpretationen von Bildern für den Unterricht:

Corbach, Liselotte: Vom Sehen zum Hören. Neue Folge (drei neutestamentliche Beispiele zum Thema ›Der andere‹), Vandenhoeck & Ruprecht 1976

Doedens-Lange-Zacharias: Farbholzschnitte zur Bibel von Thomas Zacharias – Interpretationen und Unterrichtspraxis mit bildnerischer Kunst (darin Bilder zu Schöpfung, Mose am Sinai), Kösel-Verlag 1973

Zu den Bildern

Zu der Entstehungszeit, den Titeln und Katalognummern der Lithographien vgl. S. 12f. mit Anm. 12 sowie die Anmerkungen zu den Gesprächen mit Kindern vor den Bildern Marc Chagalls S. 73ff. Die Maße der Lithographien betragen: **Bild 1** 31 × 23,1 cm, **Bild 2** 32 × 24,3 cm, **Bild 3** 30,3 × 24,2 cm, **Bild 4** 30,9 × 24 cm, **Bild 5** 31 × 24,2 cm, **Bild 6** 29,7 × 24,5 cm, **Bild 7** 30,7 × 25 cm, **Bild 8** 29,7 × 23,6 cm, **Bild 9** 29,5 × 23,4 cm, **Bild 10** 29,4 × 22 cm, **Bild 11** 29,5 × 23,4 cm, **Bild 12** 29,5 × 23,4 cm, **Bild 13** 29,6 × 23,3 cm, **Bild 15** 28,9 × 23 cm, **Bild 17** 31,3 × 25,4 cm, **Bild 18a** 26,8 × 32,9 cm, **Bild 18b** 29,4 × 23,1 cm, **Bild 19** 33,1 × 25,5 cm, **Bild 20** 32,8 × 25,5 cm, **Bild 21** 33,9 × 27,6 cm, **Bild 22** 31,5 × 26 cm und **Bild 23** 33,4 × 25,1 cm. Das Ölgemälde **Bild 16** ist 228 × 152 cm groß (Katalog-Nr. WRM 3154). Die Gouache **Bild 24** Die Heilige Familie von 1955 ist 50,5 × 67 cm groß.

Für die freundliche Vermittlung der Bildvorlagen sei der Abtei von Assy, dem Wallraf-Richartz-Museum Köln, den Städtischen Kunstsammlungen Ludwigshafen am Rhein und Herrn Dr. Hans-Martin Rotermund, Göttingen, herzlich gedankt.